齋藤 孝

もう恥をかかないための日本語講座

齋藤 孝

WAC

はじめに

日本語力とコミュニケーション能力は比例します。

大人が社会の中でスムーズな意思疎通を図るには、高い語彙力が求められます。少ない語彙でなんとか相手にわかってもらうことと、多くの語彙で細やかな意思や感情を伝えることでは大きな違いがあるからです。

また、今のメール時代には正しい日本語で読み書きすることは必要不可欠です。メールは友だちと行っているSNSとは違い、正しい日本語を使う必要があります。文章を読むと、その人の日本語力、教養の広さが推し量られます。書いた文字には自分自身の日本語力が反映されます。

皆さんはもちろん、ふつうに日本語はわかっていると思います。ところが、その日本語を正しく使っているかというと、疑問符がつくのではないでしょうか。

誤字、誤読、誤用……。誰にでも恥ずかしい思いをした経験はあるはずです。

日本語力を高めるために基本となるのはトレーニングです。

そこで、いまこの時期に、徹底的に日本語力を高めるトレーニングをしてみよう、学び直しをしてみよう、というのが本書です。

いわば、**日本語見直し帳であり、日本語の「1000本ノック」**です。

1000本ノックとは、野球の守備力を高めるために気が遠くなるほどの数のノックを受けるトレーニングです。泥まみれになって受ける1000本ノックは今の時代では賛否がありますが、私は熱血野球漫画の『巨人の星』世代だということもあり、大切な何かを身につけるうえでは適したトレーニング法だと感じています。

本書はクイズ形式にしてあり、自分がどれだけ日本語がわかっているかということもチェックできます。何となく解答して通り過ぎてしまうのではなく、「そういえばこれは読めないな」とわかって解答を見ると、「あぁ、そうだったのか」と気づきます。その**「あぁ、そうだったのか」のときに、脳が納得するのです。**

「あぁ、知っているつもりでも知らなかったな」「これはそんな意味だったのか」という、**ちょっとした驚きが脳を活性化させます。**

脳に引っかかり、「なるほど」という気持ちよさを味わうにはクイズ形式が最適です。私も出題者のひとりになっている『東大王』（TBS系）などのクイズ番組をご覧いただいても、それがわかると思います。

そして、ここが大切なのですが、せっかく正しい日本語を覚えても実践で使えなければ意味がありません。そのような知識を消極的な知識といいます。すぐに使える知識、これを積極的な知識といいます。**本書にある言葉を声に出して読み、実際に使ってみて積極的な知識にしてください。**

どうぞ、私からの「1000本ノック」を受けてください。これをやり切ったとき、あなたの日本語力＝コミュニケーション能力は格段に上がっているはずです！

齋藤 孝

齋藤孝 もう恥をかかないための日本語講座　もくじ

〔本書について〕

◎問題は、間違いさがし、二者択一（二択）、穴埋め、読み方です。

◎便宜上、問題（間違えている言葉）にもルビを付けています。

◎解答は、すべて問題の裏のページにあります。

◎問題に付いている☆は、問題の難易度です。

☆＝間違ったら恥ずかしいレベル

☆☆＝正しい日本語を理解できているレベル

☆☆☆＝クイズ番組（日本語分野）で活躍できるレベル

◎本書は、『広辞苑』（岩波書店）、『大辞泉』（小学館）、『大辞林』（三省堂）、『漢字必携』（日本漢字能力検定協会）などを参考にしています。

第1章

常識が問われる言いまわし

［言い間違い・書き間違い］

言葉を間違えやすい人もこれで大丈夫!

大人の日本語力は常識力が問われます。ふつうこれくらいは言えるよねという言葉が言えないとなると、たんに知らなかっただけのことなのに、常識まで欠けていると思われてしまいがちです。

本章では、これを間違うとちょっと常識が疑われる、という言葉を集めました。ふだん使っている言葉が間違っているかどうか、ここでチェックしてください。日常会話での誤用の危険性を相当減らすことができます。

間違いのページが先に出てきますので、これが正しいと思っていた人(何が間違っているかわからない人)は、間違って覚えているということになります。

言葉は生きものです。間違って使われていたことが一般的になり、それが通用するというケースもあって、言葉はゆっくりと変化してきています。ですので、誤用が絶対に間違っているとばかりはいえません。しかし、一般的には正しいとされている表現を知っていることが必要です。

Q1 間違いは？☆
愛想(あいそう)を振りまく

Q2 間違いは？☆☆
相手の顔をうかがう

Q3 間違いは？☆
合いの手を打つ

Q4 間違いは？☆
青田刈り

Q5 間違いは？☆
藍(あい)は青より出でて青より青し

Q6 間違いは？☆
明るみになる

Q7 間違いは？☆
あくびにも出さない

Q8 間違いは？☆☆
挙げ句の果てに成功した

Q9 間違いは？☆
味あわせる

Q10 間違いは？☆
足げりにする

Q11 間違いは？☆☆
足もとをすくわれる

Q12 間違いは？☆☆
頭をかしげる

Q13 間違いは？☆☆☆
後へも先へも引けない

Q14 間違いは？☆☆☆
網の目にかかる

Q15 間違いは？☆
荒治療(あらちりょう)

Q16 間違いは？☆☆
蟻(あり)の這(は)い入る隙間もない

A1 正解
愛嬌（あいきょう）（愛敬）を振りまく／愛想（あいそう）がいい

A2 正解
相手の顔色をうかがう

A3 正解
合いの手を入れる／相槌（あいづち）を打つ

A4 正解
青田買い

A5 正解
青は藍（あい）より出でて藍より青し

A6 正解
明るみに出る

A7 正解
おくびにも出さない

A8 正解
挙げ句の果てに失敗した

A9 正解
味わわせる

A10 正解
足げにする

A11 正解
足をすくわれる

A12 正解
首をかしげる

A13 正解
後へも先へも行けない

A14 正解
網の目をくぐる

A15 正解
荒療治（あらりょうじ）

A16 正解
蟻（あり）の這（は）い出る隙間もない

Q17 間違いは？☆☆

案ずるより産むが安し

Q18 間違いは？☆☆☆

安堵(あんど)で胸をなでおろす

Q19 間違いは？☆☆

怒り心頭に達する

Q20 間違いは？☆☆

意気健康

Q21 間違いは？☆☆☆

潔(いさぎよ)しとする

Q22 間違いは？☆

石にしがみついても

Q23 間違いは？☆

急げば回れ

Q24 間違いは？☆

異存は出ませんでした

Q25 間違いは？☆☆

痛くもかゆくもない腹を探られる

Q26 間違いは？☆

一段落(ひとだんらく)つく

Q27 間違いは？☆☆

一同に会する

Q28 間違いは？☆

一番最初に食べました

Q29 間違いは？☆

一枚板となる

Q30 間違いは？☆

一抹(いちまつ)の望み

Q31 間違いは？☆☆

一貫の終わり

Q32 間違いは？☆☆☆

一挙手一動

A17 正解
案ずるより産むが易（やす）し

A18 正解
安堵（あんど）の胸をなでおろす

A19 正解
怒り心頭に発する

A20 正解
意気軒昂（けんこう）

A21 正解
潔（いさぎよ）しとしない

A22 正解
石にかじりついても

A23 正解
急がば回れ

A24 正解
異存はありませんでした

A25 正解
痛くもない腹を探られる

A26 正解
一段落（いちだんらく）つく

A27 正解
一堂に会する

A28 正解
最初に食べました

A29 正解
一枚岩となる

A30 正解
一縷（いちる）の望み／
一抹（いちまつ）の不安

A31 正解
一巻の終わり

A32 正解
一挙一動／
一挙手一投足

Q33 間違いは？ ☆☆☆
一切ならず

Q34 間違いは？ ☆☆
一死報いる

Q35 間違いは？ ☆
一瞬先は闇

Q36 間違いは？ ☆
一身同体

Q37 間違いは？ ☆☆☆
一睡の夢

Q38 間違いは？ ☆☆
一等地を抜く

Q39 間違いは？ ☆☆
遺髪(いはつ)を継ぐ

Q40 間違いは？ ☆☆
意味慎重

Q41 間違いは？ ☆☆
いやが応にも

Q42 間違いは？ ☆
嫌気(いやけ)がする

Q43 間違いは？ ☆
印籠(いんろう)を渡す

Q44 間違いは？ ☆
上や下への大騒ぎ

Q45 間違いは？ ☆☆☆
受けに入(い)る

Q46 間違いは？ ☆☆
うしろ足で砂をかける

Q47 間違いは？ ☆☆
薄皮をはぐように

Q48 間違いは？ ☆☆
うらみを果たす

A 33 正解
一再ならず

A 34 正解
一矢(いっし)報いる

A 35 正解
一寸先は闇

A 36 正解
一心同体

A 37 正解
一炊の夢

A 38 正解
一頭地を抜く

A 39 正解
衣鉢(いはつ)を継ぐ

A 40 正解
意味深長

A 41 正解
いやが上にも

A 42 正解
嫌気(いやけ)がさす

A 43 正解
引導(いんどう)を渡す

A 44 正解
上を下への大騒ぎ

A 45 正解
有卦(うけ)に入(い)る

A 46 正解
あと足で砂をかける

A 47 正解
薄紙(うすがみ)をはぐように

A 48 正解
うらみを晴らす

Q49 間違いは？ ☆☆☆
うらみ骨髄（こつずい）に達す

Q50 間違いは？ ☆
うる覚え

Q51 間違いは？ ☆
噂をすれば陰

Q52 間違いは？ ☆☆
蘊蓄（うんちく）をたれる

Q53 間違いは？ ☆
話は永遠と続いた

Q54 間違いは？ ☆☆
笑顔がこぼれる

Q55 間違いは？ ☆☆
得も言わず

Q56 間違いは？ ☆
襟元（えりもと）を正す

Q57 間違いは？ ☆
おあいそしてください

Q58 間違いは？ ☆
置いてきぼりをくらう

Q59 間違いは？ ☆
応応（おうおう）にして

Q60 間違いは？ ☆
大風呂敷（おおぶろしき）をたたく

Q61 間違いは？ ☆
奥歯に物が引っかかったような

Q62 間違いは？ ☆☆
押し着せではない

Q63 間違いは？ ☆☆
押し出しが強い人

Q64 間違いは？ ☆☆☆
押して知るべし

A49 正解
うらみ骨髄（こつずい）に徹（てっ）す

A50 正解
うろ覚え

A51 正解
噂をすれば影

A52 正解
蘊蓄（うんちく）を傾ける

A53 正解
話は延々と続いた

A54 正解
笑みがこぼれる

A55 正解
得も言われぬ

A56 正解
襟（えり）を正す

A57 正解
お勘定してください

A58 正解
置いてけぼりをくらう

A59 正解
往往（おうおう）にして

A60 正解
大風呂敷（おおぶろしき）を広げる／大口をたたく

A61 正解
奥歯に物が挟まったような

A62 正解
お仕着せではない

A63 正解
押し出しがいい人

A64 正解
推して知るべし

Q65 間違いは？☆☆
押しも押されぬ

Q66 間違いは？☆☆
お鉢(はち)をうばう

Q67 間違いは？☆
おぼついた足取り

Q68 間違いは？☆☆
汚名挽回(おめいばんかい)

Q69 間違いは？☆☆
汚名を晴らす

Q70 間違いは？☆☆
お目にかなう

Q71 間違いは？☆☆
面舵(おもかじ)を握る

Q72 間違いは？☆
思ったが吉日(きちじつ)

Q73 間違いは？☆
思わず息をのみこむ

Q74 間違いは？☆☆
お役目御免(ごめん)

Q75 間違いは？☆☆☆
戒心(かいしん)して事にあたる

Q76 間違いは？☆☆
快心(かいしん)の作

Q77 間違いは？☆☆☆
かけがいのない人

Q78 間違いは？☆
顔をうかがう

Q79 間違いは？☆
風下(かざしも)にも置けない

Q80 間違いは？☆☆☆
傘にきる

A65 正解
押しも押されもせぬ

A66 正解
お株をうばう

A67 正解
おぼつかない足取り

A68 正解
汚名返上／名誉挽回

A69 正解
汚名をそそぐ／疑いを晴らす

A70 正解
お眼鏡（めがね）にかなう

A71 正解
面舵（おもかじ）をとる

A72 正解
思い立ったが吉日（きちじつ）

A73 正解
思わず息をのむ

A74 正解
お役御免（ごめん）

A75 正解
改心（かいしん）して事にあたる

A76 正解
会心（かいしん）の作

A77 正解
かけがえのない人

A78 正解
顔色をうかがう

A79 正解
風上（かざかみ）にも置けない

A80 正解
笠に着る

Q81 間違いは？☆☆
風のうわさで聞いた

Q82 間違いは？☆☆
数えられるほどしかいない

Q83 間違いは？☆
片身が狭い

Q84 間違いは？☆☆
喝采（かっさい）を叫ぶ

Q85 間違いは？☆☆☆
喝（かつ）を入れる

Q86 間違いは？☆
金にまかせて購入した億ション

Q87 間違いは？☆
家宝（かほう）は寝て待て

Q88 間違いは？☆
髪を丸める

Q89 間違いは？☆
かゆいところに手が届かない

Q90 間違いは？☆
画竜点睛（がりょうてんせい）を書く

Q91 間違いは？☆☆
感心に堪（た）えない

Q92 間違いは？☆☆
噛んで含む

Q93 間違いは？☆
堪忍袋の尾が切れる

Q94 間違いは？☆☆
間髪（かんはつ）を置かず

Q95 間違いは？☆☆☆
希有（けう）壮大

Q96 間違いは？☆
危機一発

A81 正解
風のたよりに聞く／うわさを耳にする

A82 正解
数えるほどしかいない

A83 正解
肩身が狭い

A84 正解
喝采（かっさい）を送る／快哉（かいさい）を叫ぶ

A85 正解
活（かつ）を入れる

A86 正解
金にあかせて購入した億ション

A87 正解
果報（かほう）は寝て待て

A88 正解
頭を丸める

A89 正解
かゆいところに手が届く

A90 正解
画竜点睛（がりょうてんせい）を欠く

A91 正解
寒心（かんしん）に堪えない

A92 正解
噛んで含める

A93 正解
堪忍袋の緒（お）が切れる

A94 正解
間髪（かんはつ）を容（い）れず

A95 正解
気宇（きう）壮大

A96 正解
危機一髪

Q97 間違いは？☆☆
気嫌(きげん)をとる

Q98 間違いは？☆☆☆
気骨(きこつ)が折れる

Q99 間違いは？☆☆☆
旗幟鮮明(きしょくせんめい)

Q100 間違いは？☆☆
絆(きずな)が深まる

Q101 間違いは？☆
気勢を制する

Q102 間違いは？☆☆
規定路線

Q103 間違いは？☆
肝(きも)が座る

Q104 間違いは？☆
肝に命じる

Q105 間違いは？☆
脚光を集める

Q106 間違いは？☆
教鞭(きょうべん)を振(ふ)るう

Q107 間違いは？☆☆
奇(き)をねらう

Q108 間違いは？☆☆
金(かね)のわらじで訪ねる

Q109 間違いは？☆☆
空前の灯火(ともしび)

Q110 間違いは？☆☆
楔(くさび)を刺す

Q111 間違いは？☆
櫛(くし)の歯が抜けたよう

Q112 間違いは？☆☆
苦汁(くじゅう)を味わう

A97 正解
機嫌をとる

A98 正解
気骨（きぼね）が折れる

A99 正解
旗幟鮮明（きしせんめい）

A100 正解
絆が強まる

A101 正解
機先（きせん）を制する／気勢をそぐ

A102 正解
既定（きてい）路線

A103 正解
肝（きも）が据（す）わる

A104 正解
肝に銘（めい）ずる

A105 正解
脚光を浴びる

A106 正解
教鞭（きょうべん）を執（と）る

A107 正解
奇（き）をてらう

A108 正解
金（かね）のわらじで尋ねる

A109 正解
風前の灯火（ともしび）

A110 正解
楔（くさび）を打ち込む

A111 正解
櫛の歯が欠けたよう

A112 正解
苦汁（くじゅう）をなめる

Q113 間違いは？☆
口先三寸（くちさきさんずん）

Q114 間違いは？☆☆
口を濁（にご）す

Q115 間違いは？☆
姿をくらませた

Q116 間違いは？☆☆
いつ地震がくるとも限らない

Q117 間違いは？☆
警鐘（けいしょう）を発する

Q118 間違いは？☆
激（げき）を飛ばす

Q119 間違いは？☆☆
喧々諤々（けんけんがくがく）

Q120 間違いは？☆
ご愛顧（あいこ）を承る

Q121 間違いは？☆
勝つ公算が高い

Q122 間違いは？☆
功なり名を上げる

Q123 間違いは？☆
弘法（こうぼう）も筆を選ばず

Q124 間違いは？☆☆
古式（こしき）豊かに

Q125 間違いは？☆☆
ご託（たく）を言う

Q126 間違いは？☆☆
ご他聞（たぶん）に漏れず

Q127 間違いは？☆☆☆
才気活発

Q128 間違いは？☆☆
采配を振るう

A 113 正解

舌先三寸（したさきさんずん）

A 114 正解

言葉を濁（にご）す

A 115 正解

姿をくらました

A 116 正解

いつ地震がこないとも限らない

A 117 正解

警鐘（けいしょう）を鳴らす

A 118 正解

檄（げき）を飛ばす

A 119 正解

喧々囂々（けんけんごうごう）／侃々諤々（かんかんがくがく）

A 120 正解

ご愛顧（あいこ）を賜（たまわ）る

A 121 正解

勝つ公算が大きい

A 122 正解

功なり名を遂げる

A 123 正解

弘法（こうぼう）筆を選ばず

A 124 正解

古式（こしき）ゆかしく

A 125 正解

ご託を並べる

A 126 正解

ご多分（たぶん）に漏れず

A 127 正解

才気煥発（かんぱつ）

A 128 正解

采配を振る

Q129 間違いは？☆
酒を飲み交わす

Q130 間違いは？☆
ささいな幸せ

Q131 間違いは？☆☆☆
二君（にくん）にまみえず

Q132 間違いは？☆☆
至上命題（しじょうめいだい）

Q133 間違いは？☆
舌鼓（したづつみ）を打つ

Q134 間違いは？☆☆
舌がおごる

Q135 間違いは？☆☆
舌の先の乾かぬうちに

Q136 間違いは？☆
失敗は発明の母

Q137 間違いは？☆
社交儀礼

Q138 間違いは？☆☆
衆人監視（しゅうじんかんし）

Q139 間違いは？☆☆
従来より、従来から、かねてから、古来から

Q140 間違いは？☆☆☆
瞬間最大風速（しゅんかんさいだいふうそく）

Q141 間違いは？☆☆
消防官が市民を守って殉死（じゅんし）

Q142 間違いは？☆
常軌（じょうき）を外れる

Q143 間違いは？☆
照準（しょうじゅん）を当てる

Q144 間違いは？☆
食指（しょくし）をそそられる

A 129 正解
酒を酌(く)み交わす

A 130 正解
ささやかな幸せ

A 131 正解
二君(にくん)につかえず

A 132 正解
至上命令(しじょうめいれい)

A 133 正解
舌鼓(したつづみ)を打つ

A 134 正解
口がおごる／舌が肥(こ)える

A 135 正解
舌の根の乾かぬうちに

A 136 正解
失敗は成功の母

A 137 正解
社交辞令

A 138 正解
衆人環視(しゅうじんかんし)

A 139 正解
従来／以前から／かねて／古来

A 140 正解
最大瞬間風速(さいだいしゅんかんふうそく)

A 141 正解
消防官が市民を守って殉職(じゅんしょく)

A 142 正解
常軌(じょうき)を逸(いっ)する

A 143 正解
照準(しょうじゅん)を合わせる

A 144 正解
食指(しょくし)が動く／食欲をそそる

Q145 間違いは？☆☆
触手(しょくしゅ)が動く

Q146 間違いは？☆☆
食欲が進む

Q147 間違いは？☆
白羽の矢を当てる

Q148 間違いは？☆
素人(しろうと)はだし

Q149 間違いは？☆
心血を傾ける

Q150 間違いは？☆
紳士に受け止める

Q151 間違いは？☆
神社を参拝する

Q152 間違いは？☆
心臓から毛が生えている

Q153 間違いは？☆
新年あけましておめでとうございます

Q154 間違いは？☆☆
辛抱(しんぼう)遠慮

Q155 間違いは？☆☆☆
身命を投じる

Q156 間違いは？☆
すごいいい

Q157 間違いは？☆☆
あなたにすべて一任します

Q158 間違いは？☆☆
寸暇(すんか)を惜(お)しまず励む

Q159 間違いは？☆☆☆
晴天の霹靂(へきれき)

Q160 間違いは？☆
制度を適応する

A 145 正解
触手（しょくしゅ）を伸ばす

A 146 正解
食欲が出る／食が進む

A 147 正解
白羽の矢が立つ

A 148 正解
玄人（くろうと）はだし

A 149 正解
心血を注ぐ

A 150 正解
真摯（しんし）に受け止める

A 151 正解
神社に参拝する

A 152 正解
心臓に毛が生えている

A 153 正解
新年おめでとうございます

A 154 正解
深謀（しんぼう）遠慮

A 155 正解
身命を賭（と）する

A 156 正解
すごくいい

A 157 正解
あなたに一任します

A 158 正解
寸暇（すんか）を惜（お）しんで励む

A 159 正解
青天（せいてん）の霹靂（へきれき）

A 160 正解
制度を適用する

Q161 間違いは？☆☆☆
清貧（せいひん）洗うがごとし

Q162 間違いは？☆☆☆
雪辱（せつじょく）を晴らす

Q163 間違いは？☆
全然おいしいです

Q164 間違いは？☆☆
全知全能（ぜんちぜんのう）を傾ける

Q165 間違いは？☆☆☆
ここを先度（せんど）として戦う

Q166 間違いは？☆
そうは問屋が許さない

Q167 間違いは？☆☆
存亡（そんぼう）の危機（きき）

Q168 間違いは？☆
たあいない

Q169 間違いは？☆
第1日目

Q170 間違いは？☆
体調をこわす

Q171 間違いは？☆☆
多少の縁

Q172 間違いは？☆
玉の腰に乗る

Q173 間違いは？☆
血で血を争う

Q174 間違いは？☆
血と涙の結晶

Q175 間違いは？☆
爪の垢（あか）を飲みたい

Q176 間違いは？☆
手が負えない

A 161 正解
赤貧洗うがごとし

A 162 正解
雪辱を果たす／屈辱を晴らす

A 163 正解
とてもおいしいです

A 164 正解
全身全霊を傾ける

A 165 正解
ここを先途として戦う

A 166 正解
そうは問屋が卸さない

A 167 正解
存亡の機

A 168 正解
たわいない

A 169 正解
第1日／1日目

A 170 正解
体調をくずす

A 171 正解
多生の縁

A 172 正解
玉の輿に乗る

A 173 正解
血で血を洗う

A 174 正解
血と汗の結晶

A 175 正解
爪の垢を煎じて飲みたい

A 176 正解
手に負えない

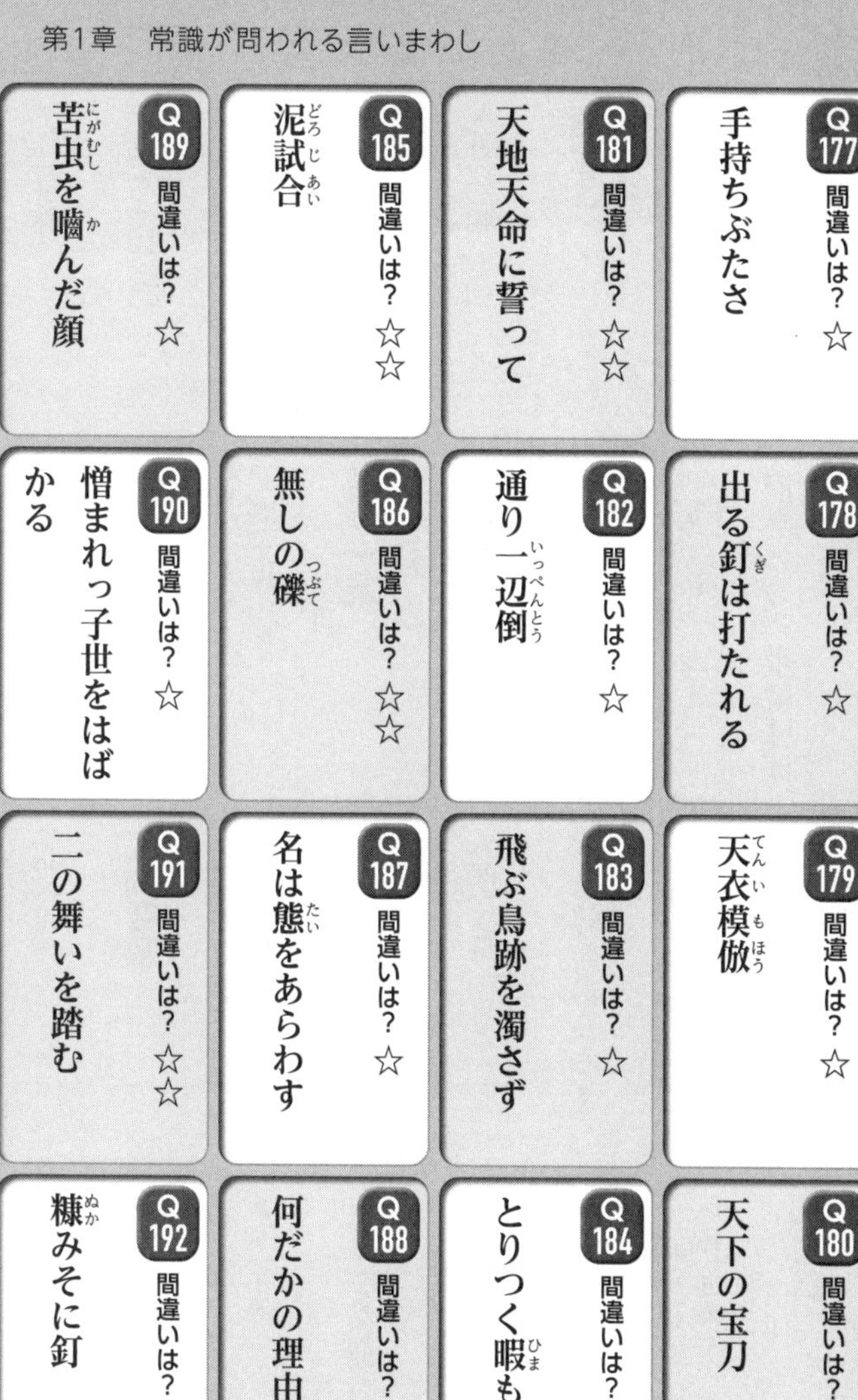

Q177 間違いは？☆
手持ちぶたさ

Q178 間違いは？☆
出る釘(くぎ)は打たれる

Q179 間違いは？☆
天衣模倣(てんいもほう)

Q180 間違いは？☆☆
天下の宝刀

Q181 間違いは？☆☆
天地天命に誓って

Q182 間違いは？☆
通り一辺倒(いっぺんとう)

Q183 間違いは？☆
飛ぶ鳥跡を濁さず

Q184 間違いは？☆
とりつく暇(ひま)もない

Q185 間違いは？☆☆
泥試合(どろじあい)

Q186 間違いは？☆☆
無しの礫(つぶて)

Q187 間違いは？☆
名は態(たい)をあらわす

Q188 間違いは？☆
何だかの理由

Q189 間違いは？☆
苦虫(にがむし)を噛(か)んだ顔

Q190 間違いは？☆
憎まれっ子世をはばかる

Q191 間違いは？☆☆
二の舞いを踏む

Q192 間違いは？☆☆
糠(ぬか)みそに釘

A177 正解
手持ちぶさた

A178 正解
出る杭(くい)は打たれる

A179 正解
天衣無縫(てんいむほう)

A180 正解
伝家(でんか)の宝刀

A181 正解
天地神明(しんめい)に誓って

A182 正解
通り一遍(いっぺん)

A183 正解
立つ鳥跡を濁さず

A184 正解
とりつく島もない

A185 正解
泥仕合(どろじあい)

A186 正解
梨(なし)の礫(つぶて)

A187 正解
名は体(たい)をあらわす

A188 正解
何らかの理由

A189 正解
苦虫(にがむし)を噛(か)みつぶしたような顔

A190 正解
憎まれっ子世にはばかる

A191 正解
二の足を踏む／二の舞いを演じる

A192 正解
糠(ぬか)に釘

Q193 間違いは？☆☆
盗人(ぬすっと)に追い銭(ぜに)

Q194 間違いは？☆☆
濡(ぬ)れ手に泡(あわ)

Q195 間違いは？☆☆
願わくば

Q196 間違いは？☆☆☆
熱にうなされる

Q197 間違いは？☆☆☆
念頭に入れる

Q198 間違いは？☆☆
のべつくまなし

Q199 間違いは？☆☆
乗るか反(そ)るか

Q200 間違いは？☆☆
多くの人材を輩出(はいしゅつ)する

Q201 間違いは？☆☆
ふたりは破局した

Q202 間違いは？☆☆☆
鼻にもかけない

Q203 間違いは？☆☆
鼻にもひっかけない

Q204 間違いは？☆☆
腹が煮えくり返る

Q205 間違いは？☆
腫(は)れ物にさわらないよう

Q206 間違いは？☆
犯罪を犯す

Q207 間違いは？☆☆
万事窮(きゅう)す

Q208 間違いは？☆
必見(ひっけん)の価値

A 193 正解
盗人(ぬすっと)に追い銭(せん)

A 194 正解
濡(ぬ)れ手で粟(あわ)

A 195 正解
願わくは

A 196 正解
熱に浮かされる

A 197 正解
念頭に置く

A 198 正解
のべつ幕(まく)なし

A 199 正解
伸(の)るか反(そ)るか

A 200 正解
多くの人材が輩出(はいしゅつ)する

A 201 正解
ふたりは破局を迎えた

A 202 正解
歯牙(しが)にもかけない

A 203 正解
鼻もひっかけない

A 204 正解
はらわたが煮えくり返る

A 205 正解
腫(は)れ物にさわるよう

A 206 正解
罪を犯す

A 207 正解
万事休(きゅう)す

A 208 正解
一見(いっけん)の価値

Q209 間違いは？☆
一つ返事で引き受ける

Q210 間違いは？☆
否(ひ)の打ち所がない

Q211 間違いは？☆☆
批判を買う

Q212 間違いは？☆
火ぶたを落とす

Q213 間違いは？☆
火を見るように明らか

Q214 間違いは？☆☆
深い絆(きずな)でつながっている

Q215 間違いは？☆☆
不測の事態を予想して

Q216 間違いは？☆
物議(ぶつぎ)をよぶ

Q217 間違いは？☆
へそが茶を沸かす

Q218 間違いは？☆☆
下手な考え休むに似たり

Q219 間違いは？☆☆
間が持たない

Q220 間違いは？☆
負けるとも劣らない

Q221 間違いは？☆
まだ未定です

Q222 間違いは？☆
的を得る

Q223 間違いは？☆☆
眉をしかめる

Q224 間違いは？☆☆
稀(まれ)に見ぬりっぱな人

A 209 正解
二つ返事で引き受ける

A 210 正解
非(ひ)の打ち所がない

A 211 正解
批判を受ける

A 212 正解
火ぶたを切る

A 213 正解
火を見るより明らか

A 214 正解
強い絆(きずな)でつながっている

A 215 正解
不測の事態に備えて

A 216 正解
物議(ぶつぎ)を醸(かも)す

A 217 正解
へそで茶を沸かす

A 218 正解
下手の考え休むに似たり

A 219 正解
間が持てない

A 220 正解
勝るとも劣らない

A 221 正解
今のところ未定です

A 222 正解
的を射(い)る／当(とう)を得る

A 223 正解
眉をひそめる／顔をしかめる

A 224 正解
稀(まれ)に見るりっぱな人

Q225 間違いは？☆☆☆
満面の笑顔

Q226 間違いは？☆☆
見栄（みえ）を切る

Q227 間違いは？☆
水で流す

Q228 間違いは？☆
身銭を払う

Q229 間違いは？☆☆
三日をあけず

Q230 間違いは？☆☆
身につまる

Q231 間違いは？☆☆
耳障（みみざわ）りがいい

Q232 間違いは？☆☆
身を持って知る

Q233 間違いは？☆☆☆
子どもがむずがる

Q234 間違いは？☆☆
目配（めくば）せを利かせる

Q235 間違いは？☆☆
目覚めが悪い

Q236 間違いは？☆☆☆
目鼻（めはな）が利く

Q237 間違いは？☆☆
目をつり上げる

Q238 間違いは？☆
もろともとせず

Q239 間違いは？☆
焼けぼっくりに火がつく

Q240 間違いは？☆☆
やんどころない事情

A 225 正解
満面の笑み

A 226 正解
見得(みえ)を切る／見栄(みえ)を張(は)る

A 227 正解
水に流す

A 228 正解
身銭を切る

A 229 正解
三日に上げず

A 230 正解
身につまされる

A 231 正解
耳当(みみあ)たりがいい

A 232 正解
身を以(もっ)て知る

A 233 正解
子どもがむずかる

A 234 正解
目配(めくば)りを利かせる

A 235 正解
寝覚めが悪い

A 236 正解
目端(めはし)が利く／目鼻(めはな)がつく

A 237 正解
眉(まゆ)をつり上げる

A 238 正解
ものともせず

A 239 正解
焼けぼっくいに火がつく

A 240 正解
よんどころない事情

Q241 優秀の美を飾る
間違いは？ ☆☆

Q242 弓矢（ゆみや）を引く
間違いは？ ☆☆

Q243 良いことだらけ
間違いは？ ☆☆

Q244 横車（よこぐるま）を入れる
間違いは？ ☆☆☆

Q245 予算案が成立した
間違いは？ ☆☆

Q246 寄る年には勝てぬ
間違いは？ ☆☆

Q247 離発着（りはっちゃく）
間違いは？ ☆☆

Q248 留飲（りゅういん）を晴らす
間違いは？ ☆

Q249 料理の修行を積む
間違いは？ ☆☆

Q250 例外に漏れず
間違いは？ ☆☆

Q251 礼を逸（いっ）する
間違いは？ ☆

Q252 連綿（れんめん）としがみつく
間違いは？ ☆☆☆

Q253 老体にむち打つ
間違いは？ ☆☆

Q254 論戦を張る
間違いは？ ☆☆☆

Q255 笑いがこぼれる
間違いは？ ☆

Q256 割れ鍋に閉じ蓋（ぶた）
間違いは？ ☆☆☆

A 241 正解
有終の美を飾る

A 242 正解
弓を引く／矢を放(はな)つ

A 243 正解
良いことづくし

A 244 正解
横車(よこぐるま)を押す／横やりを入れる

A 245 正解
予算が成立した

A 246 正解
寄る年波(としなみ)には勝てぬ

A 247 正解
離着陸(りちゃくりく)

A 248 正解
留飲(りゅういん)を下げる

A 249 正解
料理の修業を積む

A 250 正解
例に漏れず／例外でなく

A 251 正解
礼を失する

A 252 正解
恋々(れんれん)としがみつく

A 253 正解
老骨(ろうこつ)にむち打つ

A 254 正解
論陣(ろんじん)を張る／論戦を挑む

A 255 正解
笑みがこぼれる

A 256 正解
割れ鍋に綴(と)じ蓋(ぶた)

第2章

思い違いしやすい慣用表現

［取り違えと誤用］

間違えていた知識を修正するチャンス

わかっているつもりで使っていた慣用表現が、じつは違う意味であると後で気づき、恥ずかしい思いをした経験はありませんか。

本章では、意味を取り違えやすい言葉を集めました。これを知っていると正しい日本語の使い手であると評価されるような言葉です。

問題形式は二択です。どちらの意味が正しいかを考えてください。自信のある人は問題の言葉を見た段階で（選択肢を読む前に）、意味を考えてみてください。

そして、答えを見て正解・不正解で一喜一憂するだけでは意味がありません。なんとなく流して見てしまうと、いままで間違って覚えていた知識の刷り込みが強いので、また同じ間違いを繰り返してしまいます。

間違ったときには、「あぁ、そうなんだ」「正しい意味は、――なんだ」と心の中で、あるいは実際につぶやくことで復習してください。このつぶやきによって、脳内の間違った知識を修正することができます。

Q257 どっち？ ☆

ああ言えばこう言う

ⓐお互い気さくに言いあう

ⓑ屁理屈（へりくつ）を言って逆らう

Q258 どっち？ ☆

開いた口がふさがらない

ⓐ素晴らしい活躍に驚いた様子

ⓑあきれてものが言えない様子

Q259 どっち？ ☆☆

青菜（あおな）に塩

ⓐ元気をなくしてしょげている様子

ⓑ体調不良で元気がない様子

Q260 どっち？ ☆

秋風が立つ

ⓐ争いごとが起きて平穏が乱される

ⓑ男女間の愛情が冷める

Q261 どっち？ ☆

悪運が強い

ⓐ悪事の報いを受けずに逆に栄えること

ⓑ悪事の報いを受けることなく、栄える運が無くなること

Q262 どっち？ ☆

悪事千里（あくじせんり）を走る

ⓐ悪い評判はすぐに世間に知れわたる

ⓑ悪いことはすぐに世間の人が真似をする

Q263 どっち？ ☆

あごが干上（ひあ）がる

ⓐ途中で投げ出してしまう

ⓑ生活が立ち行かなくなる

Q264 どっち？ ☆☆☆

あごで蝿（はえ）を追う

ⓐものぐさなさま

ⓑ体力が衰えたさま

A 257

ああ言えばこう言う

ⓑ屁理屈（へりくつ）を言って逆らう

A 258

開いた口がふさがらない

ⓑあきれてものが言えない様子

A 259

青菜（あおな）に塩

ⓐ元気をなくしてしょげている様子

A 260

秋風が立つ

ⓑ男女間の愛情が冷める

A 261

悪運が強い

ⓐ悪事の報いを受けずに逆に栄えること

A 262

悪事千里（あくじせんり）を走る

ⓐ悪い評判はすぐに世間に知れわたる

A 263

あごが干上（ひあ）がる

ⓑ生活が立ち行かなくなる

A 264

あごで蠅（はえ）を追う

ⓑ体力が衰えたさま

Q265　どっち？　☆

明後日（あさって）を向く

ⓐ見当違いの方向を向く
ⓑ前向きになる

Q266　どっち？　☆☆

足元から鳥が立つ

ⓐ子が親元から巣立つ
ⓑ身近なところで意外なことが起こる

Q267　どっち？　☆

足を洗う

ⓐ悪いことをやめる
ⓑ仕事などをやめる

Q268　どっち？　☆☆

当たり年

ⓐよいことがたくさんあった年
ⓑ大きな出来事がたくさんあった年

Q269　どっち？　☆☆☆

辺りを払う

ⓐ風格がある
ⓑ周囲をきれいにする

Q270　どっち？　☆

後は野となれ山となれ

ⓐあとはどうぞ自由にやってくれ
ⓑあとはどうなってもかまわない

Q271　どっち？　☆☆

あに図（はか）らんや

ⓐ全く思いがけないことが起こった
ⓑ何か企んでやろう

Q272　どっち？　☆☆☆

雨模様（あめもよう）

ⓐ弱い雨が降っている状態
ⓑ雨が降りそうな状態

A 265

明後日（あさって）を向く

ⓐ見当違いの方向を向く

A 266

足元から鳥が立つ

ⓑ身近なところで意外なことが起こる

A 267

足を洗う

ⓐ悪いことをやめる

A 268

当たり年

ⓐよいことがたくさんあった年

A 269

辺りを払う

ⓐ風格がある

A 270

後は野となれ山となれ

ⓑあとはどうなってもかまわない

A 271

あに図（はか）らんや

ⓐ全く思いがけないことが起こった

A 272

雨模様（あめもよう）

ⓑ雨が降りそうな状態

Q 273　どっち？ ☆☆

あろうことか

ⓐ驚いたことに

ⓑあってはならないことだが

Q 274　どっち？ ☆☆

あわや

ⓐすんでのところで

ⓑあと一歩で

Q 275　どっち？ ☆☆☆

言うに事欠（ことか）いて

ⓐほかに言い方があるだろうに

ⓑ言うべきことを言わずに

Q 276　どっち？ ☆☆

鋳型（いがた）にはめる

ⓐきちんと調っていること

ⓑどれも同じで特徴がないこと

Q 277　どっち？ ☆☆

遺憾（いかん）に思う

ⓐ申し訳ないと思う

ⓑ思い通りにいかなくて、心残りに思う

Q 278　どっち？ ☆

行きがけの駄賃（だちん）

ⓐある事のついでに他の事をして利益を得ること

ⓑ何かのついでによい目にあうこと

Q 279　どっち？ ☆

諫（いさ）める

ⓐ目上の人に不正や欠点を改めるように進言すること

ⓑ目下の者を注意すること

Q 280　どっち？ ☆☆

一事が万事（ばんじ）

ⓐすべて。全般にわたって

ⓑ一つのことを見れば、他のすべてのことが推測できる

A 273

あろうことか

ⓑあってはならないことだが

A 274

あわや

ⓐすんでのところで

A 275

言うに事欠(ことか)いて

ⓐほかに言い方があるだろうに

A 276

鋳型(いがた)にはめる

ⓑどれも同じで特徴がないこと

A 277

遺憾(いかん)に思う

ⓑ思い通りにいかなくて、心残りに思う

A 278

行きがけの駄賃(だちん)

ⓐある事のついでに他の事をして利益を得ること

A 279

諫(いさ)める

ⓐ目上の人に不正や欠点を改めるように進言すること

A 280

一事が万事(ばんじ)

ⓑ一つのことを見れば、他のすべてのことが推測できる

Q281 どっち？ ☆☆

一姫二太郎

ⓐ女の子1人と男の子2人のこと

ⓑ第一子が女の子、第二子が男の子のこと

Q282 どっち？ ☆☆

一も二もなく

ⓐすぐさま

ⓑ何はさておき

Q283 どっち？ ☆☆☆

いやがうえにも

ⓐなおその上にますます

ⓑ好むと好まないにかかわらず

Q284 どっち？ ☆☆☆

色をなす

ⓐ恐怖や感動など感情の高ぶりで顔色が変わること

ⓑ顔色を変えて怒ること

Q285 どっち？ ☆☆

意を尽くす

ⓐ誠意をもって言動する

ⓑ考えをすべて言いあらわす

Q286 どっち？ ☆☆

魚心（うおごころ）あれば水心（みずごころ）

ⓐ相手の出方によって、自分の対応を決める

ⓑ互いに心を通わせる

Q287 どっち？ ☆☆

うがった見方

ⓐ物事を疑ってかかる悪い見方

ⓑ物事の本質をついた正しい見方

Q288 どっち？ ☆☆

浮かぶ瀬（せ）がない

ⓐ苦境から抜け出すきっかけがない

ⓑ立場がない

A 281

一姫二太郎

ⓑ第一子が女の子、第二子が男の子のこと

A 282

一も二もなく

ⓐすぐさま

A 283

いやがうえにも

ⓐなおその上にますます

A 284

色をなす

ⓑ顔色を変えて怒ること

A 285

意を尽くす

ⓑ考えをすべて言いあらわす

A 286

魚心(うおごころ)あれば水心(みずごころ)

ⓑ互いに心を通わせる

A 287

うがった見方

ⓑ物事の本質をついた正しい見方

A 288

浮かぶ瀬(せ)がない

ⓐ苦境から抜け出すきっかけがない

どっち？☆

浮き足立つ

ⓐウキウキして落ち着かない
ⓑ恐れや不安から、落ち着きを失ったり、逃げ腰になる

Q 290　どっち？☆

雨後(うご)の竹の子

ⓐ成長いちじるしいこと
ⓑ同様のことが相次いで起こること

Q 291　どっち？☆☆

薄紙(うすがみ)を剥(は)ぐように

ⓐ病気が日ごとに快方に向かっている
ⓑとても慎重に

Q 292　どっち？☆

嘘(うそ)から出た実(まこと)

ⓐ嘘のつもりが、結果として本当になること
ⓑ嘘の中にも真実はある

Q 293　どっち？☆☆

有頂天(うちょうてん)

ⓐ得意の絶頂になっている状況
ⓑ最高に嬉しい状況

Q 294　どっち？☆☆

うつつを抜かす

ⓐ夢中になって、やるべきことをないがしろにすること
ⓑ夢中になって本心を失うこと

Q 295　どっち？☆☆

海のものとも山のものともつかぬ

ⓐ素性がしれない
ⓑこの先どうなるか見当がつかない

Q 296　どっち？☆☆

蘊蓄(うんちく)を傾(かたむ)ける

ⓐ自分の持つ知識を技能のすべて出す
ⓑ知識や技能をひけらかす

A 289

浮き足立つ

ⓑ恐れや不安から、落ち着きを失ったり、逃げ腰になる

A 290

雨後（うご）の竹の子

ⓑ同様のことが相次いで起こること

A 291

薄紙（うすがみ）を剥（は）ぐように

ⓐ病気が日ごとに快方に向かっている

A 292

嘘（うそ）から出た実（まこと）

ⓐ嘘のつもりが、結果として本当になること

A 293

有頂天（うちょうてん）

ⓐ得意の絶頂になっている状況

A 294

うつつを抜かす

ⓑ夢中になって本心を失うこと

A 295

海のものとも山のものともつかぬ

ⓐ素性がしれない

A 296

蘊蓄（うんちく）を傾（かたむ）ける

ⓐ自分の持つ知識を技能のすべて出す

Q297 どっち？☆☆

屋下（おくか）に屋（おく）を架（か）す

ⓐ無駄なことをすること

ⓑ念には念を入れること

Q298 どっち？☆☆☆

奥ゆかしい人

ⓐ控えめで従順な人のこと

ⓑもっと知りたいと心惹かれる人のこと

Q299 どっち？☆☆

おざなり

ⓐその場の間に合わせのため、いい加減なことをすること

ⓑいい加減なまま、放っておくこと

Q300 どっち？☆☆☆

遅（おそ）きに失（しっ）する

ⓐ遅すぎて間に合わない

ⓑ遅くて失礼である

Q301 どっち？☆☆☆

お為（ため）ごかし

ⓐ立場が上の人の機嫌を取ること

ⓑ人のためにするように見せて実は自分の利益を図ること

Q302 どっち？☆

お茶を濁（にご）す

ⓐいい加減なことをして適当にごまかす

ⓑあいまいな言い方をする

Q303 どっち？☆

おっとり刀（がたな）

ⓐ慌てずに刀を持ったままでいる状態

ⓑ危急（ききゅう）に際し、刀を腰に差す間もなく手に持ったままの状態

Q304 どっち？☆

本日はお日柄（ひがら）もよく

ⓐ今日はお天気に恵まれ

ⓑ今日は吉日であり

A 297

屋下（おくか）に屋（おく）を架（か）す

ⓐ無駄なことをすること

A 298

奥ゆかしい人

ⓑもっと知りたいと心惹かれる人のこと

A 299

おざなり

ⓐその場の間に合わせのため、いい加減なことをすること

A 300

遅（おそ）きに失（しっ）する

ⓐ遅すぎて間に合わない

A 301

お為（ため）ごかし

ⓑ人のためにするように見せて実は自分の利益を図ること

A 302

お茶を濁（にご）す

ⓐいい加減なことをして適当にごまかす

A 303

おっとり刀（がたな）

ⓑ危急（ききゅう）に際し、刀を腰に差す間もなく手に持ったままの状態

A 304

本日はお日柄（ひがら）もよく

ⓑ今日は吉日であり

Q 305 どっち？ ☆☆

おもむろに

ⓐゆっくりと
ⓑ不意に、突然に

Q 306 どっち？ ☆☆

尾を引く

ⓐもっとほしくなること
ⓑあとまで影響が残ること

Q 307 どっち？ ☆☆

御(おん)の字

ⓐ一応、納得できる
ⓑ十分満足できる

Q 308 どっち？ ☆

甲斐甲斐(かいがい)しい

ⓐ人のためにひたむきに頑張っている様子
ⓑバリバリ頑張っている様子

Q 309 どっち？ ☆☆

蛙(かえる)の子は蛙

ⓐ優秀な親の子は優秀になる
ⓑ凡人の子は凡人になる

Q 310 どっち？ ☆☆☆

佳境(かきょう)を迎(むか)える

ⓐ興味深い場面にさしかかる
ⓑ山場を迎える

Q 311 どっち？ ☆☆☆

風にそよぐ葦(あし)

ⓐしっかり自分の考えを持たない人
ⓑ柔軟性があり人に逆らわない人

Q 312 どっち？ ☆

肩入れする

ⓐ一生懸命にやること
ⓑ味方すること

A 305

おもむろに

ⓐゆっくりと

A 306

尾を引く

ⓑあとまで影響が残ること

A 307

御(おん)の字

ⓑ十分満足できる

A 308

甲斐甲斐(かいがい)しい

ⓐ人のためにひたむきに頑張っている様子

A 309

蛙(かえる)の子は蛙

ⓑ凡人の子は凡人になる

A 310

佳境(かきょう)を迎(むか)える

ⓐ興味深い場面にさしかかる

A 311

風にそよぐ葦(あし)

ⓐしっかり自分の考えを持たない人

A 312

肩入れする

ⓑ味方すること

Q313 どっち？☆

固唾（かたず）をのむ

ⓐ驚いて思わず息を止める

ⓑことの成り行きが気がかりで、緊張している

Q314 どっち？☆

肩の荷を下ろす

ⓐ重荷から解放されてほっとすること

ⓑ落胆して肩が抜け落ちたようになること

Q315 どっち？☆☆

傍（かたわ）らに人なきがごとし

ⓐ人目など気にせず自分勝手なふるまい

ⓑ人がいるにもかかわらず、まるで誰もいないように静かだ

Q316 どっち？☆☆

割愛（かつあい）する

ⓐ惜（お）しいと思いながら捨てること

ⓑ不必要なものを捨てること

Q317 どっち？☆

買って出る

ⓐいやいや引き受ける

ⓑ自分から進んで引き受ける

Q318 どっち？☆☆

かてて加えて

ⓐさらに良いことに

ⓑさらに悪いことに

Q319 どっち？☆☆☆

剃刀（かみそり）の刃（は）を渡（わた）る

ⓐきわめて危険な行動

ⓑ失敗する可能性がきわめて高い行動

Q320 どっち？☆☆☆

感（かん）に堪（た）えない

ⓐ我慢できない

ⓑ深く感動する

A 313

固唾（かたず）をのむ

ⓑことの成り行きが気がかりで、緊張している

A 314

肩の荷を下ろす

ⓐ重荷から解放されてほっとすること

A 315

傍（かたわ）らに人なきがごとし

ⓐ人目など気にせず自分勝手なふるまい

A 316

割愛（かつあい）する

ⓐ惜（お）しいと思いながら捨てること

A 317

買って出る

ⓑ自分から進んで引き受ける

A 318

かてて加えて

ⓑさらに悪いことに

A 319

剃刀（かみそり）の刃（は）を渡（わた）る

ⓐきわめて危険な行動

A 320

感（かん）に堪（た）えない

ⓑ深く感動する

Q321 どっち？☆☆

閑話休題（かんわきゅうだい）

ⓐ「話はそれるが」の意味

ⓑ「それはさておき」の意味

Q322 どっち？☆

利（き）いた風（ふう）なことを言う

ⓐ知ったかぶりだ。生意気だ

ⓑ気が利いたことを言う

Q323 どっち？☆☆☆

忌諱（きき）に触れる

ⓐ感動や共鳴を与える

ⓑ機嫌を損ねる

Q324 どっち？☆☆

木で鼻をくくる

ⓐ傲慢（ごうまん）

ⓑ無愛想。そっけない

Q325 どっち？☆☆

奇特（きとく）な人

ⓐ特別に優れていて感心な人

ⓑ奇妙で風変わりな人

Q326 どっち？☆☆

絹（きぬ）を裂（さ）くような声

ⓐ男性の鋭く甲高い叫び声

ⓑ女性の鋭く甲高い叫び声

Q327 どっち？☆

気の置けない

ⓐ遠慮の気持ちを抱かせない関係にあること

ⓑ気を許せない関係にあること

Q328 どっち？☆

牛耳（ぎゅうじ）る

ⓐ組織を思い通りに動かす

ⓑ相手をほんろうする

A 321

閑話休題（かんわきゅうだい）

ⓑ「それはさておき」の意味

A 322

利（き）いた風（ふう）なことを言う

ⓐ知ったかぶりだ。生意気だ

A 323

忌諱（きき）に触れる

ⓑ機嫌を損ねる

A 324

木で鼻をくくる

ⓑ無愛想。そっけない

A 325

奇特（きとく）な人

ⓐ特別に優れていて感心な人

A 326

絹（きぬ）を裂（さ）くような声

ⓑ女性の鋭く甲高い叫び声

A 327

気の置けない

ⓐ遠慮の気持ちを抱かせない関係にあること

A 328

牛耳（ぎゅうじ）る

ⓐ組織を思い通りに動かす

Q329 どっち？ ☆

綺羅星(きらぼし)のごとく

ⓐ華やかな衣裳をまとった人たちが大勢並んでいること

ⓑ無名の人が突如、脚光をあびること

Q330 どっち？ ☆

琴線(きんせん)に触れる

ⓐ怒りを買ってしまうこと

ⓑ感動や共鳴を与えること

Q331 どっち？ ☆☆

金時(きんとき)の火事見舞い

ⓐ頼もしい助っ人が来たときのたとえ

ⓑ酒で顔が赤くなることのたとえ

Q332 どっち？ ☆

釘(くぎ)を刺す

ⓐあらかじめ念を押す

ⓑきつく叱る

Q333 どっち？ ☆

苦肉(くにく)の策

ⓐ相手を徹底的に追いつめる策略

ⓑわが身を苦痛に陥(おとし)れてまでおこなう策略

Q334 どっち？ ☆

君子(くんし)はひとりを慎(つつし)む

ⓐ君子はひとりでいてはいけない

ⓑ君子は誰も見ていないところでも道に外れるようなことはしない

Q335 どっち？ ☆

君子豹変(くんしひょうへん)す

ⓐ立派な人は誤りを認め態度をあらためる

ⓑこれまでの態度や行動を急に変えること

Q336 どっち？ ☆☆

怪我(けが)の功名(こうみょう)

ⓐ怪我をしたためによい結果をもたらす

ⓑ何気なくしたことなどが、偶然によい結果をもたらす

A 329

綺羅星(きらぼし)のごとく

ⓐ華やかな衣裳をまとった人たちが大勢並んでいること

A 330

琴線(きんせん)に触れる

ⓑ感動や共鳴を与えること

A 331

金時(きんとき)の火事見舞い

ⓑ酒で顔が赤くなることのたとえ

A 332

釘(くぎ)を刺す

ⓐあらかじめ念を押す

A 333

苦肉(くにく)の策

ⓑわが身を苦痛に陥(おとしい)れてまでおこなう策略

A 334

君子(くんし)はひとりを慎(つつし)む

ⓑ君子は誰も見ていないところでも道に外れるようなことはしない

A 335

君子豹変(くんしひょうへん)す

ⓐ立派な人は誤りを認め態度をあらためる

A 336

怪我(けが)の功名(こうみょう)

ⓑ何気なくしたことなどが、偶然によい結果をもたらす

Q337 どっち？ ☆

逆鱗(げきりん)に触れる

ⓐ怒りを買う

ⓑ目上の人の怒りを買う

Q338 どっち？ ☆☆

檄(げき)を飛ばす

ⓐ自分の言い分を述べて賛同を得ようとすること

ⓑ大きな声で叱咤激励すること

Q339 どっち？ ☆☆☆

犬馬(けんば)の労(ろう)

ⓐ世の人々のために力を尽くすこと

ⓑ目上の人のために力を尽くすこと

Q340 どっち？ ☆☆

けんもほろろ

ⓐつっけんどんな態度

ⓑボロボロで役立たない刀のように扱うこと

Q341 どっち？ ☆☆☆

言(げん)を左右(さゆう)にする

ⓐ相手をはぐらかしてはっきりしたことを言わない

ⓑ正しいことと間違いをはっきり指摘する

Q342 どっち？ ☆

号泣(ごうきゅう)する

ⓐ大声を出して泣く

ⓑ激しく泣く

Q343 どっち？ ☆☆

後生畏(こうせいおそ)るべし

ⓐ人生の後半が案じられること

ⓑ自分より後に生まれてくる人は可能性を秘めていること

Q344 どっち？ ☆

功(こう)を奏(そう)する

ⓐたまたまよい結果に結びついた

ⓑ効果を現す。成功する

A 337

逆鱗に触れる

ⓑ目上の人の怒りを買う

A 338

檄を飛ばす

ⓐ自分の言い分を述べて賛同を得ようとすること

A 339

犬馬の労

ⓑ目上の人のために力を尽くすこと

A 340

けんもほろろ

ⓐつっけんどんな態度

A 341

言を左右にする

ⓐ相手をはぐらかしてはっきりしたことを言わない

A 342

号泣する

ⓐ大声を出して泣く

A 343

後生畏るべし

ⓑ自分より後に生まれてくる人は可能性を秘めていること

A 344

功を奏する

ⓑ効果を現す。成功する

Q345 どっち？☆

呉越同舟（ごえつどうしゅう）

ⓐ敵対する者同士がたがいに協力し合うこと

ⓑいろいろな人が同じ場所に集まること

Q346 どっち？☆

五指（ごし）**に余る**

ⓐ際立ったものが5つに満たない

ⓑ際立ったものが5つ以上ある

Q347 どっち？☆

姑息（こそく）**な**

ⓐ一時的な

ⓑ卑怯な、汚い

Q348 どっち？☆☆

骨肉相食（こつにくあいは）**む**

ⓐ仲間同士が争うこと

ⓑ肉親が争うこと

Q349 どっち？☆☆

事（こと）**ここに至る**

ⓐ事態がよい状態になり、落ち着いたこと

ⓑ事態が悪い状態になり、どうしようもなくなったこと

Q350 どっち？☆☆☆

小鼻（こばな）**をうごめかす**

ⓐ得意そうな表情をする

ⓑさぐりを入れるような表情をする

Q351 どっち？☆

小春日和（こはるびより）

ⓐ初冬のあたたかくおだやかな日のこと

ⓑ春のうららかな日のこと

Q352 どっち？☆☆☆

これはしたり

ⓐ自分の失敗に気づいたりしたときに発する語

ⓑこれはどうだと得意顔をすること

A 345

呉越同舟（ごえつどうしゅう）

ⓐ敵対する者同士がたがいに協力し合うこと

A 346

五指（ごし）に余る

ⓑ際立ったものが5つ以上ある

A 347

姑息（こそく）な

ⓐ一時的な

A 348

骨肉相食（こつにくあいは）む

ⓑ肉親が争うこと

A 349

事（こと）ここに至る

ⓑ事態が悪い状態になり、どうしようもなくなったこと

A 350

小鼻（こばな）をうごめかす

ⓐ得意そうな表情をする

A 351

小春日和（こはるびより）

ⓐ初冬のあたたかくおだやかな日のこと

A 352

これはしたり

ⓐ自分の失敗に気づいたりしたときに発する語

Q 353 どっち？ ☆☆

五月雨（さみだれ）

ⓐ梅雨に降る雨
ⓑ五月に降る雨

Q 354 どっち？ ☆☆☆

さわりの部分

ⓐ最初の部分
ⓑ肝心な部分

Q 355 どっち？ ☆☆

思案（しあん）**に余る**

ⓐ考えても無駄なことを考える
ⓑいくら考えてもよい考えが浮かばない

Q 356 どっち？ ☆☆☆

潮時（しおどき）

ⓐちょうどよい時
ⓑ終わりの時

Q 357 どっち？ ☆☆

敷居（しきい）**が高い**

ⓐ高級すぎたりして近寄りがたい心情
ⓑ相手に不義理をして家を訪ねにくい心情

Q 358 どっち？ ☆☆☆

時宜（じぎ）**を得**（え）**る**

ⓐよい機会に恵まれる
ⓑその場の状況にふさわしい

Q 359 どっち？ ☆☆

忸怩（じくじ）**たる思い**

ⓐ恥ずかしい
ⓑ悔しい

Q 360 どっち？ ☆☆

私淑（ししゅく）

ⓐ直接会って教えを受けている
ⓑ密かにその人を師と仰いでいる

A 353

五月雨(さみだれ)

ⓐ梅雨に降る雨

A 354

さわりの部分

ⓑ肝心な部分

A 355

思案(しあん)に余る

ⓑいくら考えてもよい考えが浮かばない

A 356

潮時(しおどき)

ⓐちょうどよい時

A 357

敷居(しきい)が高い

ⓑ相手に不義理をして家を訪ねにくい心情

A 358

時宜(じぎ)を得(え)る

ⓑその場の状況にふさわしい

A 359

忸怩(じくじ)たる思い

ⓐ恥ずかしい

A 360

私淑(ししゅく)

ⓑ密かにその人を師と仰いでいる

Q 361 どっち？ ☆☆

下にも置かない

ⓐぞんざいに扱う
ⓑ非常に丁寧に扱う

Q 362 どっち？ ☆☆

失笑（しっしょう）する

ⓐ思わず笑ってしまう
ⓑ笑いも出ないくらいあきれる

Q 363 どっち？ ☆

四の五の言う

ⓐあいまいなことを言う
ⓑあれこれ面倒なことを言う

Q 364 どっち？ ☆☆☆

春秋（しゅんじゅう）に富む

ⓐ年が若く、将来の年月が長い
ⓑ年齢を重ね、ものごとをよく知っている

Q 365 どっち？ ☆☆

白羽（しらは）の矢が立つ

ⓐ多くのものの中から犠牲者として選び出される
ⓑ大きな役割を担う人として選ばれる

Q 366 どっち？ ☆

尻（しり）を持ち込む

ⓐ問題ごとの後始末を求める
ⓑ問題ごとを解決できずに居直る

Q 367 どっち？ ☆☆

ジンクス

ⓐ成功するジンクスがある
ⓑ失敗するジンクスがある

Q 368 どっち？ ☆☆

人後（じんご）に落ちない

ⓐ他人より劣っている
ⓑ他人にひけをとらない

A 361

下にも置かない

ⓑ非常に丁寧に扱う

A 362

失笑(しっしょう)する

ⓐ思わず笑ってしまう

A 363

四の五の言う

ⓑあれこれ面倒なことを言う

A 364

春秋(しゅんじゅう)に富む

ⓐ年が若く、将来の年月が長い

A 365

白羽(しらは)の矢が立つ

ⓐ多くのものの中から犠牲者として選び出される

A 366

尻(しり)を持ち込む

ⓐ問題ごとの後始末を求める

A 367

ジンクス

ⓑ失敗するジンクスがある

A 368

人後(じんご)に落ちない

ⓑ他人にひけをとらない

Q369　どっち？ ☆

随一（ずいいち）

ⓐただひとつ

ⓑ一番である

Q370　どっち？ ☆☆☆

砂を噛む（か）**よう**

ⓐ無味乾燥でつまらない様子

ⓑ悔しくてたまらないようす

Q371　どっち？ ☆☆

すべからく

ⓐ当然、ぜひとも

ⓑ全員、みんな

Q372　どっち？ ☆

世間（せけん）**ずれ**

ⓐ世の中の考えから外れている

ⓑ世間を渡ってきてずる賢くなっている

Q373　どっち？ ☆

是非（ぜひ）**に及ばす**

ⓐぜひともそうしてほしい

ⓑあれこれ論じるまでもない

Q374　どっち？ ☆

糟糠（そうこう）**の妻**

ⓐ貧しいときから連れ添って苦労を共にしてきた妻のこと

ⓑ専業主婦のこと

Q375　どっち？ ☆☆☆

率爾（そつじ）**ながら**

ⓐ僭越ながら

ⓑ突然で恐縮ですが

Q376　どっち？ ☆☆

ぞっとしない

ⓐとくに感心するほどではない

ⓑ恐ろしくない

A 369

随一（ずいいち）

ⓑ一番である

A 370

砂を噛（か）むよう

ⓐ無味乾燥でつまらない様子

A 371

すべからく

ⓐ当然、ぜひとも

A 372

世間（せけん）ずれ

ⓑ世間を渡ってきてずる賢くなっている

A 373

是非（ぜひ）に及ばず

ⓑあれこれ論じるまでもない

A 374

糟糠（そうこう）の妻

ⓐ貧しいときから連れ添って苦労を共にしてきた妻のこと

A 375

率爾（そつじ）ながら

ⓑ突然で恐縮ですが

A 376

ぞっとしない

ⓐとくに感心するほどではない

Q 377 どっち？☆☆

忖度（そんたく）する

ⓐ権威や地位のある相手に対して配慮したりひいきする

ⓑ相手の気持ちを推し量る

Q 378 どっち？☆

惰眠（だみん）を貪（むさぼ）る

ⓐ熟睡する

ⓑ怠けて寝てばかりいる

Q 379 どっち？☆☆☆

為（ため）にする

ⓐ下心をもって行なう

ⓑ犠牲を払って行なう

Q 380 どっち？☆☆

知恵熱（ちえねつ）

ⓐ乳幼児期に突然起こることのある発熱

ⓑ深く考えたり頭を使ったりした後の発熱

Q 381 どっち？☆☆

痛痒（つうよう）を感じない

ⓐ痛くもかゆくもない。平気である

ⓑ無関心である

Q 382 どっち？☆

つかぬこと

ⓐつまらないこと。くだらないこと

ⓑ関連のないこと

Q 383 どっち？☆☆

つとに有名だ

ⓐとても有名だ

ⓑ以前から有名だ

Q 384 どっち？☆☆

つらつらと考える

ⓐじっくり深く考える

ⓑとりとめもなく考える

A 377

忖度(そんたく)する

ⓑ相手の気持ちを推し量る

A 378

惰眠(だみん)を貪(むさぼ)る

ⓑ怠けて寝てばかりいる

A 379

為(ため)にする

ⓐ下心をもって行なう

A 380

知恵熱(ちえねつ)

ⓐ乳幼児期に突然起こることのある発熱

A 381

痛痒(つうよう)を感じない

ⓐ痛くもかゆくもない。平気である

A 382

つかぬこと

ⓑ関連のないこと

A 383

つとに有名だ

ⓑ以前から有名だ

A 384

つらつらと考える

ⓐじっくり深く考える

Q385 どっち？☆

手をこまねく

ⓐ準備して待ち構える
ⓑ何もせずに傍観する

Q386 どっち？☆

天地無用（てんちむよう）

ⓐ上下逆さまにしてもかまわない
ⓑ上下逆さまにしてはいけない

Q387 どっち？☆☆☆

東西を弁（べん）ぜず

ⓐ知識をひけらかさない
ⓑ物事をわきまえる能力がない

Q388 どっち？☆☆☆

時（とき）を分（わ）かたず

ⓐいつも
ⓑすぐに

Q389 どっち？☆☆

とみに

ⓐ急に。にわかに
ⓑ特に

Q390 どっち？☆

鳥肌（とりはだ）が立つ

ⓐ深く感動する
ⓑ恐怖や嫌悪感を覚える

Q391 どっち？☆

度（ど）を失う

ⓐうろたえて取り乱す
ⓑ程度が過ぎる

Q392 どっち？☆☆

流れに棹（さお）さす

ⓐ川底に棹をさして流れに逆らうこと
ⓑ川底に棹をさして流れに乗ること

A 385

手をこまねく

ⓑ何もせずに傍観する

A 386

天地無用（てんちむよう）

ⓑ上下逆さまにしてはいけない

A 387

東西を弁（べん）ぜず

ⓑ物事をわきまえる能力がない

A 388

時（とき）を分（わ）かたず

ⓐいつも

A 389

とみに

ⓐ急に。にわかに

A 390

鳥肌（とりはだ）が立つ

ⓑ恐怖や嫌悪感を覚える

A 391

度（ど）を失う

ⓐうろたえて取り乱す

A 392

流れに棹（さお）さす

ⓑ川底に棹をさして流れに乗ること

Q393 どっち？☆☆

借金をなし崩(くず)しにする

ⓐ少しずつ返していく

ⓑなかったことにする

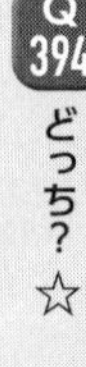

Q394 どっち？☆

何をか言わんや

ⓐあきれて何も言うことはない

ⓑ何かを言わなければ

Q395 どっち？☆

生木(なまき)を裂(さ)く

ⓐ親子をむりやり別れさせること

ⓑ相愛の男女をむりやり別れさせること

Q396 どっち？☆☆

煮え湯を飲まされる

ⓐ信頼していた人に裏切られること

ⓑ敵対する人からひどい仕打ちを受けること

Q397 どっち？☆

二階から目薬(めぐすり)

ⓐ思うようにならなくてもどかしい

ⓑまぐれ当たり

Q398 どっち？☆☆

ニべもなく

ⓐ即座に

ⓑ愛想なく

Q399 どっち？☆

盗人(ぬすっと)にも三分(さんぶ)の理(り)

ⓐどんなことでも理屈はつけられるということ

ⓑ悪事は成功しても三割の利益しか得られないということ

Q400 どっち？☆☆

猫(ねこ)に木天蓼(またたび)

ⓐ与えれば効果があることのたとえ

ⓑ危険で油断できないことのたとえ

A 393

借金をなし崩(くず)しにする

ⓐ少しずつ返していく

A 394

何をか言わんや

ⓐあきれて何も言うことはない

A 395

生木(なまき)を裂(さ)く

ⓑ相愛の男女をむりやり別れさせること

A 396

煮え湯を飲まされる

ⓐ信頼していた人に裏切られること

A 397

二階から目薬(めぐすり)

ⓐ思うようにならなくてもどかしい

A 398

ニベもなく

ⓑ愛想なく

A 399

盗人(ぬすっと)にも三分(さんぶ)の理(り)

ⓐどんなことでも理屈はつけられるということ

A 400

猫(ねこ)に木天蓼(またたび)

ⓐ与えれば効果があることのたとえ

Q401 どっち？☆

爆笑（ばくしょう）

ⓐ大笑いすること
ⓑ大勢が一斉に笑うこと

Q402 どっち？☆☆

ハッカー

ⓐコンピュータに侵入して悪事を働く人
ⓑコンピュータに精通している人

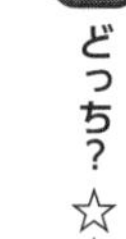

Q403 どっち？☆☆☆

破天荒（はてんこう）

ⓐ豪快で大胆なようす
ⓑ誰も成し得なかったことをすること

Q404 どっち？☆☆

はなむけの言葉

ⓐ送別会の挨拶
ⓑ結婚式の挨拶

Q405 どっち？☆☆

半時待て（はんときまて）

ⓐ一時間待て
ⓑ30分待て

Q406 どっち？☆☆☆

引かれ者の小唄（こうた）

ⓐ弱音
ⓑ負け惜しみ

Q407 どっち？☆☆

非を鳴らす

ⓐ相手の言うことを否定する
ⓑ相手の誤りを非難して責める

Q408 どっち？☆

憮然とした表情（ぶぜん）

ⓐあきれてどうすることもできない様子
ⓑ怒っている様子

A
401

爆笑(ばくしょう)

ⓑ大勢が一斉に笑うこと

A
402

ハッカー

ⓑコンピュータに精通している人

A
403

破天荒(はてんこう)

ⓑ誰も成し得なかったことをすること

A
404

はなむけの言葉

ⓐ送別会の挨拶

A
405

半時待て(はんときまて)

ⓐ一時間待て

A
406

引かれ者の小唄(こうた)

ⓑ負け惜しみ

A
407

非を鳴らす

ⓑ相手の誤りを非難して責める

A
408

憮然(ぶぜん)とした表情

ⓐあきれてどうすることもできない様子

Q409 どっち？☆☆

筆を置く

ⓐ文章を書き終えたこと

ⓑ文筆活動をやめること

Q410 どっち？☆☆

噴飯（ふんぱん）もの

ⓐ腹立たしいこと

ⓑおかしくてたまらないこと

Q411 どっち？☆

判官贔屓（ほうがんびいき）

ⓐ立場の弱い人をひいきすること

ⓑ特定の人をえこひいきすること

Q412 どっち？☆

臍（ほぞ）をかむ

ⓐ手遅れを嘆く

ⓑ決意する

Q413 どっち？☆☆

睫（まつげ）を濡（ぬ）らす

ⓐおもわず涙が出てしまう

ⓑだまされないように用心する

Q414 どっち？☆☆☆

まんじりともせず

ⓐ少しも眠らないで

ⓑじっと動かないで

Q415 どっち？☆☆

三十路（みそじ）

ⓐ三十代

ⓑ三十歳

Q416 どっち？☆

三つ子の魂（たましい）百まで

ⓐ子どものころの性格は大人になっても変わらない

ⓑ子どものころに習得したことは忘れない

A 409
筆を置く
ⓑ文筆活動をやめること

A 410
噴飯（ふんぱん）もの
ⓑおかしくてたまらないこと

A 411
判官贔屓（ほうがんびいき）
ⓐ立場の弱い人をひいきすること

A 412
臍（ほぞ）をかむ
ⓐ手遅れを嘆く

A 413
睫（まつげ）を濡（ぬ）らす
ⓑだまされないように用心する

A 414
まんじりともせず
ⓐ少しも眠らないで

A 415
三十路（みそじ）
ⓑ三十歳

A 416
三つ子の魂（たましい）百まで
ⓐ子どものころの性格は大人になっても変わらない

Q 417　どっち？ ☆

身に覚えがある

ⓐ思い当たる節がある
ⓑ腕に覚えがある、自信がある

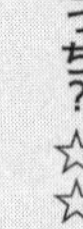

Q 418　どっち？ ☆☆

身も世もない

ⓐ取り乱す
ⓑやけっぱちになる

Q 419　どっち？ ☆☆

脈(みゃく)がある

ⓐまだ見込みがある
ⓑまだ好意がある

Q 420　どっち？ ☆☆

目から火が出る

ⓐとても恥ずかしい
ⓑ顔や頭を強く打った

Q 421　どっち？ ☆☆

目に物言(ものい)わせる

ⓐ相手をひどい目に遭わせること
ⓑ目配せによって相手に自分の気持を伝えること

Q 422　どっち？ ☆

目端(めはし)が利く

ⓐ機転が利く
ⓑものの良し悪しを見分ける力がある

Q 423　どっち？ ☆

餅(もち)は餅屋(もちや)

ⓐその道の専門家に任せるのが一番であること
ⓑ粘り強い人に任せるのが安心だ

Q 424　どっち？ ☆☆

悶絶(もんぜつ)する

ⓐ悶えるほど可笑しい、おいしいなど
ⓑ悶え苦しんで気絶する

A 417

身に覚えがある

ⓐ思い当たる節がある

A 418

身も世もない

ⓐ取り乱す

A 419

脈(みゃく)がある

ⓐまだ見込みがある

A 420

目から火が出る

ⓑ顔や頭を強く打った

A 421

目に物言(ものい)わせる

ⓑ目配せによって相手に自分の気持を伝えること

A 422

目端(めはし)が利く

ⓐ機転が利く

A 423

餅(もち)は餅屋(もちや)

ⓐその道の専門家に任せるのが一番であること

A 424

悶絶(もんぜつ)する

ⓑ悶え苦しんで気絶する

Q425 どっち？ ☆☆

やおら

ⓐ急いで

ⓑゆっくりと

Q426 どっち？ ☆☆

役不足（やくぶそく）

ⓐ与えられた役目が、自分の実力よりも軽いこと

ⓑ与えられた役目を果たす実力がないこと

Q427 どっち？ ☆☆

柳（やなぎ）**に風**

ⓐ逆らわず巧みにあしらうこと

ⓑ相手の言動に対して手ごたえのないこと、張り合いのないこと

Q428 どっち？ ☆☆☆

やぶさかではない

ⓐ積極的にはやりたくないという意志表示

ⓑ努力を惜しまずにやるという意志表示

Q429 どっち？ ☆☆☆

病革（やまいあらた）**まる**

ⓐ病が回復に向かう

ⓑ危篤状態になる

Q430 どっち？ ☆☆☆

諒（りょう）**とする**

ⓐもっともなことだと承知する

ⓑ良いことと認める

Q431 どっち？ ☆☆

論議が煮詰まる

ⓐアイデアが尽きた状態

ⓑそろそろ結論が出る状態

Q432 どっち？ ☆☆

和（わ）**して同**（どう）**ぜず**

ⓐ表向きはなかよくするが心の中では同調しない

ⓑなかよくするが自分の信念は曲げない

A 425

やおら

ⓑゆっくりと

A 426

役不足(やくぶそく)

ⓐ与えられた役目が、自分の実力よりも軽いこと

A 427

柳(やなぎ)に風

ⓐ逆らわず巧みにあしらうこと

A 428

やぶさかではない

ⓑ努力を惜しまずにやるという意志表示

A 429

病革(やまいあらた)まる

ⓑ危篤状態になる

A 430

諒(りょう)とする

ⓐもっともなことだと承知する

A 431

論義が煮詰まる

ⓑそろそろ結論が出る状態

A 432

和(わ)して同(どう)ぜず

ⓑなかよくするが自分の信念は曲げない

第3章

間違ったら恥ずかしい敬語

［失敬な使い方］

敬語を使いこなす人は、ハラスメントを避けられる人

大人が日本語力を問われるものとして敬語があります。敬語の使い方を間違えてしまうと、「この人は常識がない＝日本語力がない」と見なされてしまいます。

敬語が面倒くさいと感じている人もいるかもしれません。しかし、敬語は日本人の人間関係をつくるうえで大きな役割を果たしてきたものです。その伝統を守っていくのも日本文化のあり方です。

敬語は使い慣れてみるとたいへん便利なものです。相手との距離間がむしろ取りやすくなります。最近ではハラスメントを避けるひとつの方法として、丁寧な言葉づかいを心がけるということもあります。部下や同僚に対しても丁寧な言葉づかいをする、そのことによってパワハラを自ら避けることにもつながるというわけです。

ここではどこが間違っているのか、自分で答案を用意して答えを見てください。正解については、唯一これだけが正しいということではありません。代表的な答えを記しています。それ以外に言い方がある場合もあります。

Q433 正しい言い方は？ ☆

【時間をとってもらう】

いま、いいでしょうか？

Q434 正しい言い方は？ ☆☆

【改めて話す】

言い忘れていましたが

Q435 正しい言い方は？ ☆

【行くと伝える】

はい、行かさせていただきます

Q436 正しい言い方は？ ☆

【相手の元に行く】

いま、行きます

Q437 正しい言い方は？ ☆☆☆

【依頼を断る】

お受けできません

Q438 正しい言い方は？ ☆

【目上に教える】

お教えします

Q439 正しい言い方は？ ☆

【目上に伝える】

お客様が参られました

Q440 正しい言い方は？ ☆☆

【依頼を断る】

お断りします

Q441 正しい言い方は？ ☆

【先に帰る挨拶】

お先です

Q442 正しい言い方は？ ☆☆

【目上に尋ねる】

お尋ねしたいのですが

Q443 正しい言い方は？ ☆

【目上の話を伝える】

おっしゃられました

Q444 正しい言い方は？ ☆☆

【非礼なくお願いをする】

お暇なときでかまいませんので

A433 正解
いま、よろしいでしょうか?

A434 正解
申し遅れましたが

A435 正解
はい、行かせていただきます

A436 正解
ただいま、参ります

A437 正解
ご期待には添えかねます

A438 正解
ご説明します/ご案内します/ご報告申し上げます

A439 正解
お客様がいらっしゃいました/お見えになりました

A440 正解
(あいにくですけれども)遠慮させていただきます

A441 正解
お先に失礼します

A442 正解
少々おうかがいしたいのですが

A443 正解
おっしゃいました

A444 正解
お時間のあるときでかまいませんので

Q445 正しい言い方は？ ☆
【想定外を伝える】
思わなかったです

Q446 正しい言い方は？ ☆
【目上に尋ねる】
（ゴルフは）おやりになりますか？

Q447 正しい言い方は？ ☆☆
【感想を聞く】
気に入っていただけましたか？

Q448 正しい言い方は？ ☆☆
【同伴を申し出る】
ご一緒しましょう

Q449 正しい言い方は？ ☆
【感謝・ねぎらいを伝える】
ご苦労様でした

Q450 正しい言い方は？ ☆
【持参をお願いする】
ご持参ください

Q451 正しい言い方は？ ☆
【都合を尋ねる】
ご都合はどうですか？

Q452 正しい言い方は？ ☆
【見てもらう】
拝見ください

Q453 正しい言い方は？ ☆
【見たかどうかの確認】
ご覧になられましたか？

Q454 正しい言い方は？ ☆
【休暇のお願い】
お休みさせてください

Q455 正しい言い方は？ ☆
【非礼を詫びる】
失敬いたしました

Q456 正しい言い方は？ ☆☆
【知っていることを伝える】
よく知っております

A 445 正解

思いませんでした

A 446 正解

（ゴルフは）なさいますか？

A 447 正解

お気に召していただけましたか？

A 448 正解

お伴しましょう／お伴させてください

A 449 正解

お疲れ様でした

A 450 正解

お持ちください

A 451 正解

ご都合はいかがでしょうか？

A 452 正解

ご覧ください

A 453 正解

ご覧になりましたか？

A 454 正解

休ませていただきたいのですが

A 455 正解

失礼いたしました

A 456 正解

よく存じております／よく存じ上げております

Q457 正しい言い方は？ ☆

【質問を受けつける】

質問のある方は承ります

Q458 正しい言い方は？ ☆

【感謝を丁寧に伝える】

ご協力していただき

Q459 正しい言い方は？ ☆

【出発日時を尋ねる】

いつ出発するんですか？

Q460 正しい言い方は？ ☆☆

【紹介をお願いする】

紹介してください

Q461 正しい言い方は？ ☆

【感謝を伝える】

お時間をつくってもらってすみません

Q462 正しい言い方は？ ☆

【約束の時刻を決める】

何時にしましょうか？

Q463 正しい言い方は？ ☆☆

【目上の出席を言う】

ご出席する

Q464 正しい言い方は？ ☆

【説明してもらう】

ご説明していただく

Q465 正しい言い方は？ ☆☆

【強くお願いする】

ぜひ〜

Q466 正しい言い方は？ ☆☆

【力添えをお願いする】

お力になってください

Q467 正しい言い方は？ ☆☆

【予定変更のお願い】

日程を変えていただきたいのですが、できますでしょうか？

Q468 正しい言い方は？ ☆

【様子を尋ねる】

どうしましたか？

A 457 正解
質問がございましたら承ります

A 458 正解
ご協力いただき／協力していただき

A 459 正解
ご出発はいつでしょうか？

A 460 正解
ご紹介いただけないでしょうか

A 461 正解
お時間をつくっていただきありがとうございます

A 462 正解
何時にいたしましょうか？

A 463 正解
ご出席なさる／出席される

A 464 正解
ご説明いただく／説明をしていただく

A 465 正解
さしつかえなければ／ご都合がよろしければ

A 466 正解
お力添えください

A 467 正解
日程を変えていただくことは可能でしょうか

A 468 正解
どうなさいましたか？

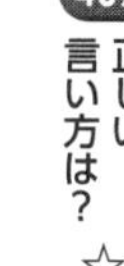

Q469 正しい言い方は？ ☆☆

【すべきことを尋ねる】
どうしますか？

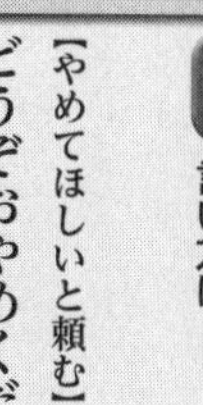

Q470 正しい言い方は？ ☆

【やめてほしいと頼む】
どうぞおやめください

Q471 正しい言い方は？ ☆☆

【丁寧に謝る】
どうも申しわけございません

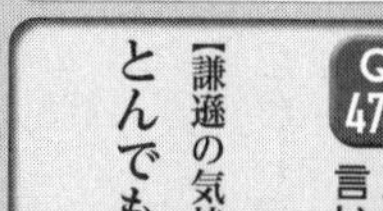

Q472 正しい言い方は？ ☆

【謙遜の気持ちを伝える】
とんでもありません

Q473 正しい言い方は？ ☆☆

【意見を聞く】
先輩なりのご意見をお聞かせください

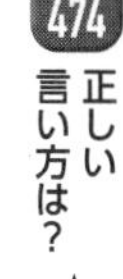

Q474 正しい言い方は？ ☆☆

【よい評価に感謝する】
ほめてもらって恐縮です

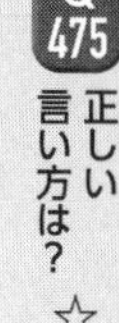

Q475 正しい言い方は？ ☆☆

【何かを頼む】
ご迷惑とは存じ上げますが

Q476 正しい言い方は？ ☆☆

【もう少し詳しく聞く】
～と申しますと

Q477 正しい言い方は？ ☆

【目上の言葉に同調する】
○○さんが申されたように

Q478 正しい言い方は？ ☆

【目上に手渡す】
報告書を持ってきました

Q479 正しい言い方は？ ☆

【理解を伝える】
わかりました

Q480 正しい言い方は？ ☆☆

【受け渡しを依頼する】
渡してくれませんか

A 469 正解

いかがいたしましょうか？

A 470 正解

どうかおやめください

A 471 正解

まことに申しわけございません

A 472 正解

とんでもないことです

A 473 正解

先輩のお考えをお聞かせください

A 474 正解

おほめいただき恐縮です／ほめていただいて恐縮です

A 475 正解

ご迷惑とは存じますが

A 476 正解

〜とおっしゃいますと

A 477 正解

○○さんがおっしゃったように

A 478 正解

報告書をお持ちしました

A 479 正解

承知しました

A 480 正解

お渡し願えませんか

Q481 正しい言い方は？ ☆

【打合せをお願いする】

お会いいいただきたいのですが

Q482 正しい言い方は？ ☆☆

【隣の窓口へ誘導する】

隣の窓口でうかがってください

Q483 正しい言い方は？ ☆☆

【誰が受けたかを尋ねる】

誰が受けましたでしょうか？

Q484 正しい言い方は？ ☆☆

【勤務先のことを丁寧に】

うちでは

Q485 正しい言い方は？ ☆

【出向いたとき】

お邪魔します

Q486 正しい言い方は？ ☆☆

【食事についてを尋ねる】

昼食は食べられましたか？

Q487 正しい言い方は？ ☆

【感謝の気持ちの挨拶】

お世話様です

Q488 正しい言い方は？ ☆

【料理を勧める】

お食べになってください

Q489 正しい言い方は？ ☆☆

【勧められた料理を断る】

もう、お腹いっぱいで食べられません

Q490 正しい言い方は？ ☆☆☆

【来客に茶だけを出す】

お茶をどうぞ

Q491 正しい言い方は？ ☆☆

【客に伝える】

お連れ様がお待ちしています

Q492 正しい言い方は？ ☆☆

【来客を案内したとき】

お客様をお連れしました。

A481 正解

お目にかかりたいのですが

A482 正解

隣の窓口でお聞きください

A483 正解

誰が承りましたでしょうか？

A484 正解

私どもでは

A485 正解

失礼いたします

A486 正解

昼食はおすみですか？

A487 正解

お世話になっております／お世話様でございます

A488 正解

お召し上がりください

A489 正解

もう、じゅうぶんにいただきました

A490 正解

空茶（からちゃ）で申しわけありません

A491 正解

お連れ様がお待ちになっています

A492 正解

お客様をご案内しました。

Q493 正しい言い方は？ ☆☆
【用事がないか尋ねる】
お申し出ください

Q494 正しい言い方は？ ☆
【来客に約束を尋ねる】
お約束でしたでしょうか？

Q495 正しい言い方は？ ☆
【訪問などでの在席確認】
○○様はおられますか？

Q496 正しい言い方は？ ☆
【訪問を依頼する】
来ていただけますか？

Q497 正しい言い方は？ ☆
【再訪を伝える】
また来ます

Q498 正しい言い方は？ ☆☆☆
【承諾を伝える】
お茶でよろしいですか？　お茶で結構です

Q499 正しい言い方は？ ☆☆
【質問の有無を尋ねる】
質問はございますか？

Q500 正しい言い方は？ ☆
【来客の名前を確認する】
○○様でございますか？

Q501 正しい言い方は？ ☆☆
【答えられないとき】
私では答えられません

Q502 正しい言い方は？ ☆
【客に尋ねる】
ご注文の品はおそろいになりましたでしょうか？

Q503 正しい言い方は？ ☆☆
【用件を尋ねる】
どういうご用件でしょうか？

Q504 正しい言い方は？ ☆
【利用可能を伝える】
ご利用できます

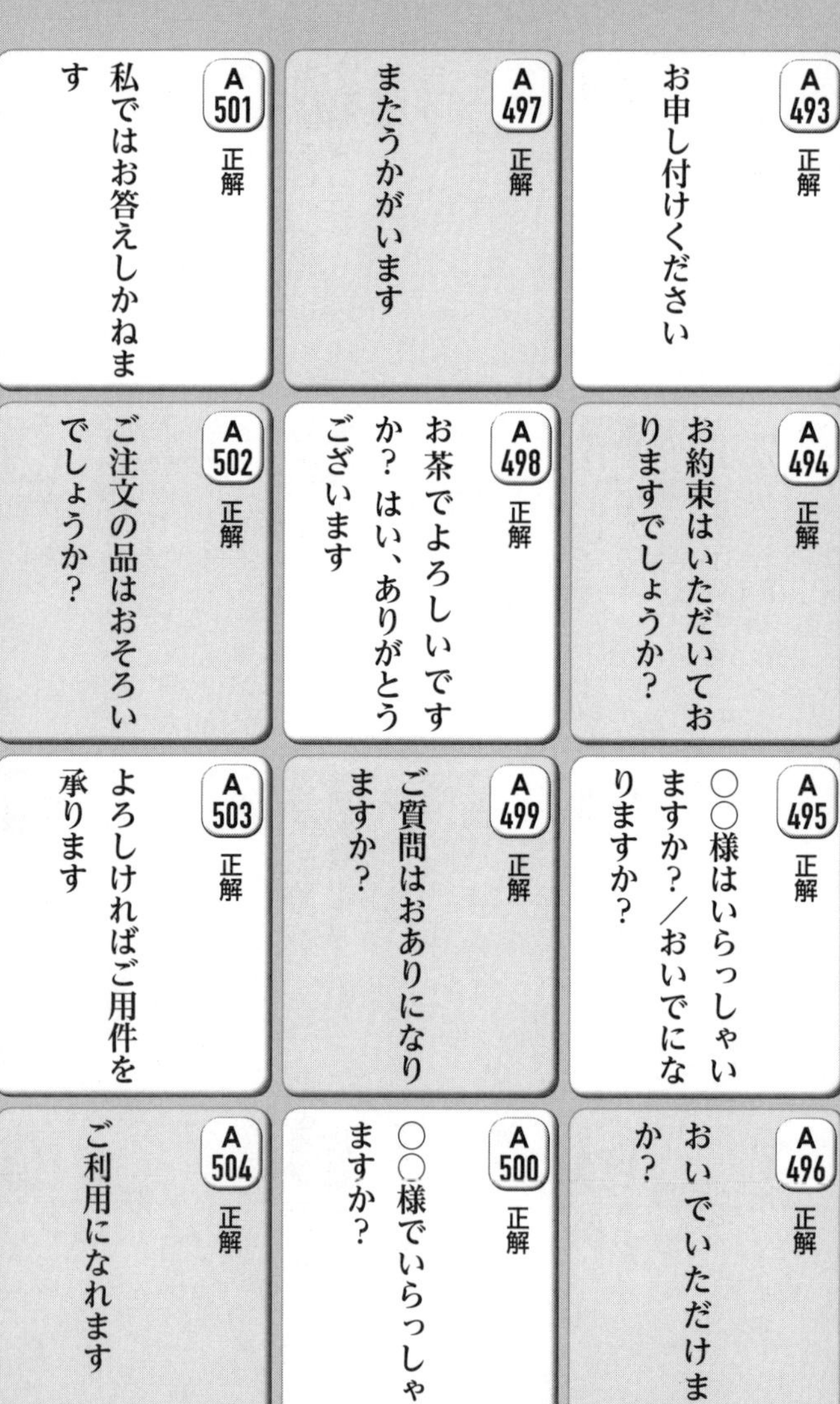

A 493 正解
お申し付けください

A 494 正解
お約束はいただいておりますでしょうか？

A 495 正解
○○様はいらっしゃいますか？／おいでになりますか？

A 496 正解
おいでいただけますか？

A 497 正解
またうかがいます

A 498 正解
お茶でよろしいですか？　はい、ありがとうございます

A 499 正解
ご質問はおありになりますか？

A 500 正解
○○様でいらっしゃいますか？

A 501 正解
私ではお答えしかねます

A 502 正解
ご注文の品はおそろいでしょうか？

A 503 正解
よろしければご用件を承ります

A 504 正解
ご利用になれます

Q505 正しい言い方は？ ☆☆

【客を送る】

お送りして差しあげます

Q506 正しい言い方は？ ☆

【自らの行為を伝える】

私どもが開発させていただきました

Q507 正しい言い方は？ ☆

【待たせたことへの謝罪】

お待たせしてすみません

Q508 正しい言い方は？ ☆

【着席を促す】

お座りになってお待ちください

Q509 正しい言い方は？ ☆

【持ち主を尋ねる】

これは誰のものですか？

Q510 正しい言い方は？ ☆

【来客の名前を尋ねる】

お名前を頂戴できますか？

Q511 正しい言い方は？ ☆☆

【伝言を引き受ける】

伝えておきます

Q512 正しい言い方は？ ☆☆☆

【訪問時に手土産を渡す】

つまらないものですが

Q513 正しい言い方は？ ☆☆

【取り次ぎ不可を伝える】

お取り次ぎできません

Q514 正しい言い方は？ ☆☆

【再訪をお願いする】

お出直しいただけませんでしょうか？

Q515 正しい言い方は？ ☆

【目上に来客を伝える】

○○さんという方がお見えです

Q516 正しい言い方は？ ☆

【訪問時にトイレを借りる】

トイレをお借りできますか

A505 正解
お送りします／お送りいたします

A506 正解
私どもが開発いたしました

A507 正解
お待たせして失礼いたしました／お待たせして申し訳ございません

A508 正解
お掛けになってお待ちください

A509 正解
これはどなた様のものでしょうか？

A510 正解
お名前をうかがってもよろしいでしょうか？／どちら様でいらっしゃいますか？

A511 正解
申し伝えます／伝言いたします

A512 正解
心ばかりのものですが

A513 正解
お取り次ぎいたしかねます

A514 正解
（恐縮ですが）時間を改めて、お越しいただけないでしょうか？

A515 正解
○○様とおっしゃる方がお見えです

A516 正解
お手洗いを拝借できますか

Q 517 正しい言い方は？ ☆

【面談相手を尋ねる】

どなたをお呼びしましょうか？

Q 518 正しい言い方は？ ☆

【場所を伝える】

応接室は奥になります

Q 519 正しい言い方は？ ☆☆☆

【酒のすすめを断るとき】

酒は苦手なんです

Q 520 正しい言い方は？ ☆

【注文を確認する】

お茶のほうでよろしいですか？

Q 521 正しい言い方は？ ☆

【帰社時刻を尋ねる】

いつ帰って参られますか？

Q 522 正しい言い方は？ ☆☆

【注意の呼びかけ】

足元にお気をつけくださ い

Q 523 正しい言い方は？ ☆

【勧めるを丁寧に】

お勧めしています

Q 524 正しい言い方は？ ☆☆

【安価な価格を伝える】

お求めやすい価格です

Q 525 正しい言い方は？ ☆☆

【商品の場所を伝える】

その品物は、ここに置いてございます

Q 526 正しい言い方は？ ☆

【接客NGワード】

ご注文の品はすべてお揃いでしょうか？

Q 527 正しい言い方は？ ☆

【問題ないかを確認する】

領収書は大丈夫でしょうか？

Q 528 正しい言い方は？ ☆

【注文を確認する】

注文をご確認させていただきます

A 517 正解

誰をお呼びしましょうか？

A 518 正解

応接室は奥にございます

A 519 正解

不調法なもので、申し訳ありません

A 520 正解

お茶でよろしいでしょうか？

A 521 正解

いつお帰りになりますか？／いつ戻られますか？

A 522 正解

お足元にご注意ください

A 523 正解

勧めております

A 524 正解

お求めになりやすい価格です

A 525 正解

その品物は、こちらにございます

A 526 正解

ご注文の品はすべて揃いましたでしょうか？

A 527 正解

領収書はいかがなさいますか？

A 528 正解

ご注文を繰り返します／ご注文を確認させていただきます

Q 529 正しい言い方は？ ☆☆
【接客NGワード】
千円ちょうどからお預かりします

Q 533 正しい言い方は？ ☆
【意向を尋ねる】
何にいたしますか？

Q 537 正しい言い方は？ ☆
【身内の退勤を伝える】
今日はもう帰りました

Q 530 正しい言い方は？ ☆☆
【利用不可を伝える】
このバスはご乗車できません

Q 534 正しい言い方は？ ☆
【使用の確認をする】
ミルクはお使いになられますか？

Q 538 正しい言い方は？ ☆
【再電話を依頼】
かけ直していただけませんか？

Q 531 正しい言い方は？ ☆
【具合の悪そうな人に】
どうかしたのですか？

Q 535 正しい言い方は？ ☆
【接客NGワード】
これでよろしかったでしょうか？

Q 539 正しい言い方は？ ☆☆
【電話を代わるとき】
鈴木に代わります

Q 532 正しい言い方は？ ☆☆
【通路をあけてもらう】
お客様を通してあげてください

Q 536 正しい言い方は？ ☆
【身内の休暇を伝える】
○○はお休みをとっています

Q 540 正しい言い方は？ ☆☆
【身内の直帰を伝える】
鈴木は直帰しました

A 529 正解

千円おあずかりいたします

A 530 正解

このバスはご乗車になれません

A 531 正解

どうかなさったのですか？

A 532 正解

お客様に通路をおあけください

A 533 正解

何になさいますか？

A 534 正解

ミルクはお使いになりますか？

A 535 正解

これでよろしいでしょうか？

A 536 正解

○○は休みをいただいております

A 537 正解

本日は退社いたしました／帰宅いたしました

A 538 正解

恐縮ですが、おかけ直しくださいませんか？

A 539 正解

鈴木におつなぎします

A 540 正解

鈴木は出先より直接帰宅いたしました

Q541 正しい言い方は？ ☆
【伝言を依頼する】
伝言をお伝えいただけますか

Q542 正しい言い方は？ ☆
【改めての電話を伝える】
また電話します

Q543 正しい言い方は？ ☆
【帰社時刻を尋ねる】
戻りは何時になりますか？

Q544 正しい言い方は？ ☆☆☆
【相手にメモを依頼する】
メモをとっていただけますか

Q545 正しい言い方は？ ☆☆
【受け取りを申し出る】
ぼくがもらいに行きます

Q546 正しい言い方は？ ☆☆
【「了解」を丁寧に】
了解しました

Q547 正しい言い方は？ ☆☆
【弔辞のNGワード】
このたびは大変なことで

Q548 正しい言い方は？ ☆☆
【弔辞のNGワード】
かえすがえすも残念です

Q549 正しい言い方は？ ☆☆☆
【弔辞のNGワード】
どうか元気を出してください

Q550 正しい言い方は？ ☆☆
【弔辞のNGワード】
大往生でしたね

Q551 正しい言い方は？ ☆☆☆
【弔辞のNGワード】
（香典を受け取るとき）
頂戴します

Q552 正しい言い方は？ ☆☆
【見舞いでのNGワード】
お元気ですか？

A 541 正解

伝言をお願いしたいのですが

A 542 正解

またお電話させていただきます

A 543 正解

いつお戻りになりますか？

A 544 正解

恐縮ですが、メモをお願いできますでしょうか

A 545 正解

わたくしが頂戴にあがります

A 546 正解

かしこまりました／承知しました／承りました

A 547 正解

このたびは思いがけないことで

A 548 正解

まことに残念です

A 549 正解

どうぞ、お力落としのないように

A 550 正解

まだまだお元気でいてほしかったです

A 551 正解

霊前（仏前）に供えさせていただきます

A 552 正解

ご気分はいかがですか？

第4章

大人の教養がわかる四字熟語・故事成語

［正しい意味を覚える］

四字熟語がパッと出る人のまわりは、いつも明るい

まとめて覚えておきたい語彙に四字熟語があります。四字熟語はうまく使えるととても格好のいいものです。文章で書くときも、四字熟語が入っていると切れ味がよく感じます。

ここでは四字熟語と故事成語を織り交ぜました。故事成語は、多くは中国でできた古いいわれのある言葉です。その言葉にエピソードがついている場合が多いので、調べてみるとさらに知識を深めることができます。

穴埋め問題です。書けるほうがよいですが、紙に書く必要はありません。頭の中で正解の文字を思い描いてください。穴埋め問題は、パッと思いつくスピードが重要です。空欄を見たときに、0・5秒以下、できれば0・2秒ぐらいで思いつけるようになってください。「なんだっけ、あれ」と、出てくるまでに2秒、3秒とかかるようでは、積極的な知識とはいえません。うまく使いこなせていないということになります。シャープに、ポンポンと言葉が出るようになってください。

Q 553 穴埋め ☆
二人の仲は
合縁□縁

Q 554 穴埋め ☆☆
愛別□苦

Q 555 穴埋め ☆
無理難題を
押しつけられ
□色吐息だ

Q 556 穴埋め ☆☆☆
何度会議をしても
蛙鳴□噪では
時間の無駄だ

Q 557 穴埋め ☆☆☆
上司に
阿諛□従する

Q 558 穴埋め ☆
業績回復に向け
□中模索の
状態です

Q 559 穴埋め ☆☆
老いてますます
意気□昂だ

Q 560 穴埋め ☆
一意□心、
研究に取り組む

Q 561 穴埋め ☆☆☆
一□帯水の関係に
甘んじる

Q 562 穴埋め ☆☆
課長は一言□士な
ところがある

Q 563 穴埋め ☆☆
一望□里の平野

Q 564 穴埋め ☆
詐欺グループを
一□打尽にする

A 553 正解

合縁奇縁（あいえんきえん）

不思議なめぐり合わせの縁

A 554 正解

愛別離苦（あいべつりく）

別れのつらさ

A 555 正解

青色吐息（あおいろといき）

非常に困ったときや、苦しいときに吐くため息。そういう状態

A 556 正解

蛙鳴蝉噪（あめいせんそう）

騒がしいばかりで、何の役にも立たないこと

A 557 正解

阿諛追従（あゆついしょう）

相手のきげんをとり従うこと

A 558 正解

暗中模索（あんちゅうもさく）

手がかりがないまま、いろいろとやってみること

A 559 正解

意気軒昂（いきけんこう）

意気込みが盛んで、元気に満ちあふれているさま

A 560 正解

一意専心（いちいせんしん）

わき目もふらず心を一つのことだけに注ぐこと

A 561 正解

一衣帯水（いちいたいすい）

ひとすじの帯のような幅の狭い川や海

A 562 正解

一言居士（いちげんこじ）

何にでも必ず何かひとこと言わなければ気のすまない人のこと

A 563 正解

一望千里（いちぼうせんり）

広々として見晴らしのよいこと

A 564 正解

一網打尽（いちもうだじん）

犯人などをひとまとめに捕らえること

Q 565 穴埋め ☆

彼は**一□当千**の強者だ

Q 566 穴埋め ☆

一挙一□を見守る

Q 567 穴埋め ☆☆☆

一視同□の姿勢で接する

Q 568 穴埋め ☆

一触□発の国際情勢

Q 569 穴埋め ☆☆☆

この分野は**一知半□**のため恥をかいた

Q 570 穴埋め ☆

一朝一□には完成しない

Q 571 穴埋め ☆☆

君の案は**一得一□**だ

Q 572 穴埋め ☆☆☆

意馬□猿から逃れられないのが人間の性

Q 573 穴埋め ☆☆☆

韋編□絶するほど好きな本

Q 574 穴埋め ☆☆

意味□長な笑みを浮かべる

Q 575 穴埋め ☆☆☆

□公左伝

Q 576 穴埋め ☆☆☆

今は**隠□自重**の日々を送るべきだ

A 565 正解

一騎当千（いっきとうせん）

人並みはずれた能力や経験などのたとえ

A 566 正解

一挙一動（いっきょいちどう）

ちょっとした行動やしぐさ

A 567 正解

一視同仁（いっしどうじん）

すべてを平等に慈しみ差別しないこと

A 568 正解

一触即発（いっしょくそくはつ）

小さなきっかけで、重大な事態が起こるかもしれない危険な状態

A 569 正解

一知半解（いっちはんかい）

物事の理解のしかたが中途半端なこと

A 570 正解

一朝一夕（いっちょういっせき）

わずかな期間

A 571 正解

一得一失（いっとくいっしつ）

利益にもなるが、一方で損失もともなっていること

A 572 正解

意馬心猿（いばしんえん）

欲望や心の乱れを抑えることができないこと

A 573 正解

韋編三絶（いへんさんぜつ）

本を熟読したり、熱心に学問することのたとえ

A 574 正解

意味深長（いみしんちょう）

話や書かれたものが意味が深く、含蓄があること

A 575 正解

隠公左伝（いんこうさでん）

飽きやすく勉強が長続きしないことのたとえ

A 576 正解

隠忍自重（いんにんじちょう）

辛いことはじっとこらえて、軽々しく行動しないこと

Q 577 穴埋め ☆

□為転変は
世の習い

Q 578 穴埋め ☆☆

雨奇晴□と思えば
人生は楽しい

Q 579 穴埋め ☆☆☆

右顧左□して
評価を下せない

Q 580 穴埋め ☆

有象□象ばかりで
残念だ

Q 581 穴埋め ☆

責任を
有耶無□にする

Q 582 穴埋め ☆☆

悩みが
雲散□消した

Q 583 穴埋め ☆

栄枯□衰は
世の常

Q 584 穴埋め ☆☆

会者定□は
この世の約束

Q 585 穴埋め ☆

遠水近□だから
近所づきあいは
大切だ

Q 586 穴埋め ☆☆

円転□脱

Q 587 穴埋め ☆

□目八目だが、
当事者はたいへん
だ

Q 588 穴埋め ☆

温□知新の精神で
歴史から学ぶ

A 577 正解
有為転変（ういてんぺん）
この世が無常ではかないこと

A 578 正解
雨奇晴好（うきせいこう）
晴天でも雨天でもすばらしい景色のこと

A 579 正解
右顧左眄（うこさべん）
右を見たり左を見たりして、なかなか決断できないこと

A 580 正解
有象無象（うぞうむぞう）
世にたくさんある、くだらない人やもの

A 581 正解
有耶無耶（うやむや）
はっきりしないさま。曖昧なさま

A 582 正解
雲散霧消（うんさんむしょう）
あとかたもなく消えてなくなること

A 583 正解
栄枯盛衰（えいこせいすい）
繁栄しても衰退する人の世のはかなさのこと

A 584 正解
会者定離（えしゃじょうり）
この世で出会った者には、必ず別れる定めにあること

A 585 正解
遠水近火（えんすいきんか）
遠くにあるものは緊急のときには役立たないこと

A 586 正解
円転滑脱（えんてんかつだつ）
ものごとをそつなくこなすさま

A 587 正解
傍目八目（おかめはちもく）
第三者のほうが当事者よりも的確に物ごとを判断できるということ

A 588 正解
温故知新（おんこちしん）
過去の事実を研究し、そこから新しい知識や見解をひらくこと

Q 589
穴埋め ☆☆
厭離□土

Q 590
穴埋め ☆☆☆
圧倒的な軍事力で敵国を**鎧□一触**した

Q 591
穴埋め ☆
彼は難題を**快刀□麻**を断つように解決した

Q 592
穴埋め ☆☆
怪力乱□を語らず

Q 593
穴埋め ☆☆☆
登山で**鶴髪□顔**のハイカーとすれ違った

Q 594
穴埋め ☆
今は**臥□嘗胆**の気持ちで頑張る

Q 595
穴埋め ☆
都会の雑踏を離れて**花□風月**に親しむ

Q 596
穴埋め ☆☆
隔靴掻□な状態に嫌気が差す

Q 597
穴埋め ☆☆☆
政界は**合従連□**が相次いでいる

Q 598
穴埋め ☆
その理屈は**我田引□**に過ぎる

Q 599
穴埋め ☆☆☆
苛斂誅□の時代、民衆はとても苦しんだ

Q 600
穴埋め ☆☆☆
汗□充棟の本に埋れて老後を過ごす

A 589 正解

厭離穢土（おんりえど）

穢れたこの世を離れ、浄土往生を願うこと

A 590 正解

鎧袖一触（がいしゅういっしょく）

相手を簡単に打ち負かしてしまうたとえ

A 591 正解

快刀乱麻（かいとうらんま）

もつれた事柄を、みごとに処理・解決すること

A 592 正解

怪力乱神（かいりきらんしん）

理屈では説明しきれないような、不思議な現象や存在のたとえ

A 593 正解

鶴髪童顔（かくはつどうがん）

年老いても元気であること

A 594 正解

臥薪嘗胆（がしんしょうたん）

将来の成功を期して苦労に耐えること

A 595 正解

花鳥風月（かちょうふうげつ）

美しい自然の風景や、それを重んじる風流のこと

A 596 正解

隔靴掻痒（かっかそうよう）

思うようにならないで、もどかしいこと

A 597 正解

合従連衡（がっしょうれんこう）

そのときの利害に応じて、他と結びついたり離れたりすること

A 598 正解

我田引水（がでんいんすい）

自分に都合がいいように言ったり行動したりすること

A 599 正解

苛斂誅求（かれんちゅうきゅう）

（税金や借金などを）容赦なく厳しく取り立てること

A 600 正解

汗牛充棟（かんぎゅうじゅうとう）

蔵書がきわめて多いことのたとえ

Q 601 穴埋め ☆☆☆

あの舞台は有名な古典を**換骨□胎**している

Q 602 穴埋め ☆☆

艱□辛苦を乗り越えて偉業を達成した

Q 603 穴埋め ☆

気宇□大な目標を掲げる

Q 604 穴埋め ☆

危機一□のところで事なきを得た

Q 605 穴埋め ☆☆

どっちにつくか**旗幟□明**としてほしい

Q 606 穴埋め ☆

疑心暗□に陥る

Q 607 穴埋め ☆

九死□生を得る

Q 608 穴埋め ☆☆☆

□首凝議の結果、可決した

Q 609 穴埋め ☆☆☆

近所なのに車を使うのは**牛□割鶏**だ

Q 610 穴埋め ☆

虚心□懐に議論を尽くす

Q 611 穴埋め ☆☆

毀誉褒□が激しい人物

Q 612 穴埋め ☆☆

A党はこの選挙区では**金城□池**だ

A 601 正解

換骨奪胎（かんこつだったい）

すでにある作品を作り替えて、新しい作品を生み出すこと

A 602 正解

艱難辛苦（かんなんしんく）

困難に出あって苦しみ悩むこと

A 603 正解

気宇壮大（きうそうだい）

心意気や度量、想像力が人並みはずれて大きいこと

A 604 正解

危機一髪（ききいっぱつ）

非常にあぶないせとぎわのたとえ

A 605 正解

旗幟鮮明（きしせんめい）

立場や主張、態度などがはっきりしていること

A 606 正解

疑心暗鬼（ぎしんあんき）

疑う心が起こると、何でもないことまで恐ろしく感じること

A 607 正解

九死一生（きゅうしいっしょう）

絶体絶命の状態からかろうじて抜け出すこと

A 608 正解

鳩首凝議（きゅうしゅぎょうぎ）

人が集まって熱心に話し合うこと

A 609 正解

牛刀割鶏（ぎゅうとうかっけい）

小さなことを処理するために、大げさな手段をとること

A 610 正解

虚心坦懐（きょしんたんかい）

心にわだかまりがなく、落ち着いているさま

A 611 正解

毀誉褒貶（きよほうへん）

ほめたりけなしたりすること

A 612 正解

金城湯池（きんじょうとうち）

非常に守りの堅いたとえ

Q 613 穴埋め ☆
この業界は
群雄割□の様相だ

Q 614 穴埋め ☆☆
彼の**軽挙□動**な
振る舞いに
迷惑する

Q 615 穴埋め ☆
鶏口□後の
気持ちで起業した

Q 616 穴埋め ☆☆☆
鶏鳴狗□の
人物にはなるな

Q 617 穴埋め ☆☆☆
君の主張は
牽強□会というも
のだ

Q 618 穴埋め ☆
乾□一擲の
大プロジェクトが
始動する

Q 619 穴埋め ☆
捲土□来を期して
必死に取り組む

Q 620 穴埋め ☆
部長は**権謀術□**に
たけている

Q 621 穴埋め ☆
厚□無恥な
政治家が多すぎる

Q 622 穴埋め ☆
巧言□色で
実力者に取り入る

Q 623 穴埋め ☆☆
選挙のために
両党は
呉越同□した

Q 624 穴埋め ☆☆☆
彼からは
人がどんどん離れ
孤城□日だ

A 613 正解

群雄割拠（ぐんゆうかっきょ）

多くの実力者が各地で勢力を振るい、互いに対立し合うこと

A 614 正解

軽挙妄動（けいきょもうどう）

軽はずみに何も考えずに行動すること

A 615 正解

鶏口牛後（けいこうぎゅうご）

大組織の末端にいるより、小組織でもトップに立つほうがよいこと

A 616 正解

鶏鳴狗盗（けいめいくとう）

小賢しい策略で人をおとしめようとする人

A 617 正解

牽強付会（けんきょうふかい）

自分の都合のいいように、強引に理屈をこじつけること

A 618 正解

乾坤一擲（けんこんいってき）

運を天にまかせて、のるかそるかの大勝負をすること

A 619 正解

捲土重来（けんどちょうらい）

一度失敗した者がまた勢いを盛り返すこと

A 620 正解

権謀術数（けんぼうじゅっすう）

巧みに人をあざむく策略のこと

A 621 正解

厚顔無恥（こうがんむち）

厚かましく、恥知らずなさま

A 622 正解

巧言令色（こうげんれいしょく）

言葉をうまくかざり、顔色をうまくつくろうこと

A 623 正解

呉越同舟（ごえつどうしゅう）

敵味方が同じ所に居合わせたり、行動を共にしたりすること

A 624 正解

孤城落日（こじょうらくじつ）

勢いが衰えて、ひどく心細く頼りないことのたとえ

Q 625 穴埋め ☆☆☆

鼓腹撃□の世を
つくりたい

Q 626 穴埋め ☆

課長が倒れ、
メンバーは
五里□中に陥った

Q 627 穴埋め ☆☆

才気□発な
彼女なら
乗り切れるだろう

Q 628 穴埋め ☆☆

彼は
山□水長として
語り継がれた

Q 629 穴埋め ☆

生徒が**三三五□**
下校していく

Q 630 穴埋め ☆☆

三拝□拝して
懇願する

Q 631 穴埋め ☆

三□一体の
構造改革を行なう

Q 632 穴埋め ☆

企画書を
つくるのに
四苦□苦する

Q 633 穴埋め ☆

寝坊して
遅刻したのは
自□自得だ

Q 634 穴埋め ☆

心配をしすぎて
自縄自□に陥った

Q 635 穴埋め ☆☆

志操堅□の信念を
持っている人は
信頼される

Q 636 穴埋め ☆

七転八□の状況に
陥る

A 625 正解

鼓腹撃壌（こふくげきじょう）

世の中が平和なことのたとえ

A 626 正解

五里霧中（ごりむちゅう）

物事の判断がつかなくてとまどうこと

A 627 正解

才気煥発（さいきかんぱつ）

頭脳の働きがすばらしく活発なこと

A 628 正解

山高水長（さんこうすいちょう）

清らかで気高い人の品性のたとえ

A 629 正解

三三五五（さんさんごご）

少人数のまとまりになって、それぞれ行動するさま

A 630 正解

三拝九拝（さんぱいきゅうはい）

何度も頭を下げて謝意を表すこと

A 631 正解

三位一体（さんみいったい）

三つのものが本質において一つのものであること

A 632 正解

四苦八苦（しくはっく）

非常に苦労すること

A 633 正解

自業自得（じごうじとく）

自分の（悪い）行いの報いを自分が受けること

A 634 正解

自縄自縛（じじょうじばく）

自分の言動によって、動きがとれなくなり苦しむこと

A 635 正解

志操堅固（しそうけんご）

かたい意志をもち、なにものにも動かされないこと

A 636 正解

七転八倒（しちてんばっとう）

激しい苦痛のため、のたうち回ること

Q637 穴埋め ☆

母校の校訓は
質実剛□だ

Q638 穴埋め ☆

自□自棄になって
酒に溺れた

Q639 穴埋め ☆

迷い犬を
四方八□探した

Q640 穴埋め ☆☆☆

この問題は
揣摩□測する者も
いる

Q641 穴埋め ☆☆☆

突然の出来事に
周□狼狽した

Q642 穴埋め ☆☆☆

投票は
衆人環□の中で
行われた

Q643 穴埋め ☆☆☆

裁判官は
秋霜□日な厳しい
判決を述べた

Q644 穴埋め ☆

令和の時代は
働き方も
十人□色だ

Q645 穴埋め ☆☆☆

熟読□味の習慣を
つけよう

Q646 穴埋め ☆

あの接待は、
まさに**酒□肉林**
だった

Q647 穴埋め ☆☆☆

小心□翼と
していては
相手に侮られる

Q648 穴埋め ☆☆

枝葉末□に
こだわる

A 637 正解

質実剛健（しつじつごうけん）

飾り気がなく、まじめで、強くてたくましいこと

A 638 正解

自暴自棄（じぼうじき）

希望を失い、自分などどうなってもいいとやけくそになること

A 639 正解

四方八方（しほうはっぽう）

あらゆる方角、方向

A 640 正解

揣摩憶測（しまおくそく）

はっきりした根拠もなく情勢や人の心をおしはかること

A 641 正解

周章狼狽（しゅうしょうろうばい）

思いがけないことがあり、あわてふためくこと

A 642 正解

衆人環視（しゅうじんかんし）

多くの人が周りを取り囲んで見ていること

A 643 正解

秋霜烈日（しゅうそうれつじつ）

刑罰・権威・節操・意志などがきわめて厳しいことのたとえ

A 644 正解

十人十色（じゅうにんといろ）

考え・好み・性質などが、人によってそれぞれに異なること

A 645 正解

熟読玩味（じゅくどくがんみ）

文章の深い意味を読み取って味わうこと

A 646 正解

酒池肉林（しゅちにくりん）

ぜいたくの限りを尽くした酒宴

A 647 正解

小心翼翼（しょうしんよくよく）

気が小さく、いつもびくびくしているさま

A 648 正解

枝葉末節（しようまっせつ）

本質からはずれたこまごまとしたこと

Q649 穴埋め ☆☆
昔の街並みを写真で見ると**□行無常**を感じる

Q650 穴埋め ☆☆
白河□船でサイレンも聞こえなかった

Q651 穴埋め ☆
まとまりがなくて**支離□裂**な文章だ

Q652 穴埋め ☆
神出□没のヒーローが難事件を解決する

Q653 穴埋め ☆
課長の発言は**針小□大**だ

Q654 穴埋め ☆
新進気□の作家として脚光を浴びる

Q655 穴埋め ☆☆
地球には**人□未踏**の地が数多くある

Q656 穴埋め ☆☆
深□遠慮の結果、事業を拡大する

Q657 穴埋め ☆☆☆
随処作□を貫いて成功をおさめた

Q658 穴埋め ☆☆
酔生□死の人生を送ることは虚しい

Q659 穴埋め ☆☆☆
悲しいかな、この世は**寸□尺魔**だ

Q660 穴埋め ☆
晴□雨読の日々を過ごす

A 649 正解

諸行無常（しょぎょうむじょう）

万物はいつも流転し、永久不変なものなどないということ

A 650 正解

白河夜船（しらかわよふね）

熟睡していて何も知らないこと

A 651 正解

支離滅裂（しりめつれつ）

趣旨がばらばらで、一貫性に欠けているさま

A 652 正解

神出鬼没（しんしゅつきぼつ）

自由自在に素早く現れたり、隠れたりすること

A 653 正解

針小棒大（しんしょうぼうだい）

些細な物事を、おおげさに誇張して言うこと

A 654 正解

新進気鋭（しんしんきえい）

その分野に新しく現れて、勢いが盛んであること

A 655 正解

人跡未踏（じんせきみとう）

人がまだ一度も入ったり通ったりしたことがないこと

A 656 正解

深謀遠慮（しんぼうえんりょ）

遠い将来のことまで考えて周到に計画を立てること

A 657 正解

随処作主（ずいしょさしゅ）

環境や境遇に左右されずに、主体的に生きること

A 658 正解

酔生夢死（すいせいむし）

何もなすこともなく、むなしく一生を過ごすこと

A 659 正解

寸善尺魔（すんぜんしゃくま）

世の中にはよい事が少なく悪い事が多いというたとえ

A 660 正解

晴耕雨読（せいこううどく）

悠々自適の生活を送ること

Q 661 穴埋め ☆☆

生殺□奪の権を握る

Q 662 穴埋め ☆

晴れて**青天□日**の身になる

Q 663 穴埋め ☆

私利私欲のない**清廉□白**な人

Q 664 穴埋め ☆☆

努力が報われず**切歯扼□**した

Q 665 穴埋め ☆

千□一遇の好機がやってきた

Q 666 穴埋め ☆

消費者の好みは**千差□別**だ

Q 667 穴埋め ☆

千変万□の世界情勢を的確につかむ

Q 668 穴埋め ☆☆

先憂後□を心がける

Q 669 穴埋め ☆☆

率先□範してチームをけん引する

Q 670 穴埋め ☆

大言□語を吐く

Q 671 穴埋め ☆

トラブルにも**泰然自□**に対応する

Q 672 穴埋め ☆☆

選択肢が多すぎて**多岐□羊**に陥る

A 661 正解

生殺与奪（せいさつよだつ）

絶対的な権力を握っていること

A 662 正解

青天白日（せいてんはくじつ）

心にやましいところがまったくないこと

A 663 正解

清廉潔白（せいれんけっぱく）

心や行いが清く正しく、うしろ暗いところがまったくないこと

A 664 正解

切歯扼腕（せっしやくわん）

非常に怒り、悔しがること

A 665 正解

千載一遇（せんざいいちぐう）

めったにないよい機会

A 666 正解

千差万別（せんさばんべつ）

種々さまざまの違いがあること

A 667 正解

千変万化（せんぺんばんか）

さまざまに変化すること

A 668 正解

先憂後楽（せんゆうこうらく）

人より先に心配し、楽しむのは人より遅れて楽しむこと

A 669 正解

率先垂範（そっせんすいはん）

自身が進んで見本・模範になること

A 670 正解

大言壮語（たいげんそうご）

できそうにないことや威勢のいいことを言うこと

A 671 正解

泰然自若（たいぜんじじゃく）

落ち着いていてどんなことにも動じないさま

A 672 正解

多岐亡羊（たきぼうよう）

方針がいろいろあって、選択に迷うこと

Q 673 穴埋め ☆☆☆

先進国の多くは**暖衣□食**だ

Q 674 穴埋め ☆☆

政治は**胆大□小**に進めるべきだ

Q 675 穴埋め ☆

単刀□入に言う

Q 676 穴埋め ☆☆☆

竹頭木□を胆に銘じて生きる

Q 677 穴埋め ☆☆

ビジネスでは**知行□一**の姿勢が大切

Q 678 穴埋め ☆☆

あわてて仕事をすると**朝三□四**に陥る

Q 679 穴埋め ☆

思いつきの**朝□暮改**はやめてほしい

Q 680 穴埋め ☆☆

直情□行の振る舞いを非難される

Q 681 穴埋め ☆☆☆

沈魚落□の女性

Q 682 穴埋め ☆☆

九十□折の山道を行く

Q 683 穴埋め ☆

徹頭徹□努力する所存です

Q 684 穴埋め ☆

手□手管で人をだます

A 673 正解

暖衣飽食（だんいほうしょく）

衣食に何の不足もない生活のこと

A 674 正解

胆大心小（たんだいしんしょう）

大胆でいて、しかも細かな注意を払うさま

A 675 正解

単刀直入（たんとうちょくにゅう）

前置きなしに、いきなり本題に入り要点をつくこと

A 676 正解

竹頭木屑（ちくとうぼくせつ）

役に立ちそうにないものでもおろそかにしてはいけない

A 677 正解

知行合一（ちこうごういつ）

知識と行為は一体であるということ

A 678 正解

朝三暮四（ちょうさんぼし）

目前の違いにとらわれ、結局は同じ結果なのに気がつかないこと

A 679 正解

朝令暮改（ちょうれいぼかい）

命令などがすぐに変更されて一定しないこと

A 680 正解

直情径行（ちょくじょうけいこう）

自分の感情のままに言ったり行動したりすること

A 681 正解

沈魚落雁（ちんぎょらくがん）

美人のこと

A 682 正解

九十九折（つづらおり）

幾重にも折れ曲がって続く坂道

A 683 正解

徹頭徹尾（てっとうてつび）

最初から最後まで／終始

A 684 正解

手練手管（てれんてくだ）

思うままに人を操りだます方法や技術のこと

Q685　穴埋め ☆

彼女の**天衣無□**な振る舞いが魅力的だ

Q686　穴埋め ☆

電光□火の速さで仕事をかたづける

Q687　穴埋め ☆☆☆

寝坊の報いは**天罰覿□**となって返ってきた

Q688　穴埋め ☆

当意□妙な受け答えがすばらしい

Q689　穴埋め ☆☆☆

新製品だが従来品と**同□異曲**だ

Q690　穴埋め ☆☆

社長と専務の会社の未来像は**同床異□**だ

Q691　穴埋め ☆☆

読書□友することで教養を深める

Q692　穴埋め ☆☆

首相は**内□外患**に立ち向かう

Q693　穴埋め ☆☆

南船北□の日々を過ごしている

Q694　穴埋め ☆

二□三文にしかならない

Q695　穴埋め ☆

医療技術は**日進□歩**している

Q696　穴埋め ☆☆☆

日陵月□の社運が心配だ

A685 正解
天衣無縫（てんいむほう）
わざとらしさがなく自然で美しいこと／人柄が無邪気なこと

A686 正解
電光石火（でんこうせっか）
動作やふるまいが非常にすばやいこと

A687 正解
天罰覿面（てんばつてきめん）
悪い行いをすれば、必ず天から罰が下るということ

A688 正解
当意即妙（とういそくみょう）
その場に応じた適切な対応や工夫をすること

A689 正解
同工異曲（どうこういきょく）
見かけは異なっているように見えて、中身はほとんど同じこと

A690 正解
同床異夢（どうしょういむ）
同じ仲間うちでありながら、異なった考えを持つこと

A691 正解
読書尚友（どくしょしょうゆう）
書物を読んで、昔の賢人を友人とすること

A692 正解
内憂外患（ないゆうがいかん）
国内側にも外側にも問題や心配事がたくさんあること

A693 正解
南船北馬（なんせんほくば）
絶えず各地を旅していること

A694 正解
二束三文（にそくさんもん）
数量が多くても、値段がとても安いこと

A695 正解
日進月歩（にっしんげっぽ）
たえまなく、どんどん進歩すること

A696 正解
日陵月替（にちりょうげったい）
日に日に衰退していくこと

Q 697　穴埋め ☆☆
三保松原は
白砂□松の
美しい地だ

Q 698　穴埋め ☆
人の忠告を
馬耳□風と
聞き流す

Q 699　穴埋め ☆☆☆
破邪□正の思いで
誤りを正す

Q 700　穴埋め ☆☆☆
彼は**伐異党□**で
私を助けてくれた

Q 701　穴埋め ☆
彼は
八方□人だから
信用できない

Q 702　穴埋め ☆☆
破天荒□な実績を
残した経営者

Q 703　穴埋め ☆
美□麗句を
並べ立てる

Q 704　穴埋め ☆☆
今日の会議は
百家争□していた

Q 705　穴埋め ☆
政界は
百□夜行な世界だ

Q 706　穴埋め ☆
天気予報が
百発百□だと
ありがたい

Q 707　穴埋め ☆☆☆
あの夫婦は
比翼□理の仲だ

Q 708　穴埋め ☆☆
不倶□天の敵が
目の前にいる

A 697 正解

白砂青松（はくしゃせいしょう）

美しい海岸の風景のたとえ

A 698 正解

馬耳東風（ばじとうふう）

他人の意見や批評に注意を払わず、聞き流すこと

A 699 正解

破邪顕正（はじゃけんしょう）

誤った考えを打破し、正しい考えを示し守ること

A 700 正解

伐異党同（ばついとうどう）

良し悪しにかかわらず、仲間の味方をし反対の者を攻めること

A 701 正解

八方美人（はっぽうびじん）

だれに対しても、如才なく振る舞うこと

A 702 正解

破天荒解（はてんこうかい）

今まで誰も成しえていなかったことを初めて成し遂げること

A 703 正解

美辞麗句（びじれいく）

うわべだけを飾り立てた、中身が乏しく真実味のない言葉

A 704 正解

百家争鳴（ひゃっかそうめい）

いろいろな立場の人が自由に議論すること

A 705 正解

百鬼夜行（ひゃっきやこう）

いろいろの化け物が夜中に列をなして出歩くこと

A 706 正解

百発百中（ひゃっぱつひゃくちゅう）

計画や予想などがすべて的中すること

A 707 正解

比翼連理（ひよくれんり）

男女の情愛が深くむつまじいことのたとえ

A 708 正解

不倶戴天（ふぐたいてん）

生かしてはおけないと思うほど恨みや憎しみの深いこと

Q709 穴埋め ☆
不言□行で努力を積み重ねる

Q710 穴埋め ☆☆☆
不□不屈の精神で巻き返す

Q711 穴埋め ☆☆☆
裁判官は**不□不党**の立場だ

Q712 穴埋め ☆
節操なく**付和□同**してはいけない

Q713 穴埋め ☆
会社の建て直しに**粉骨□身**する

Q714 穴埋め ☆☆
文人□客に愛された街

Q715 穴埋め ☆☆☆
弊衣□帽の学生は今は珍しい

Q716 穴埋め ☆☆
彼の**片言□句**には千金の重みがある

Q717 穴埋め ☆
傍□無人な態度に腹を立てる

Q718 穴埋め ☆
頑張りすぎて体を壊しては**本末□倒**だ

Q719 穴埋め ☆☆
漫言放□によって信用を失う

Q720 穴埋め ☆☆
名聞□養にとらわれてはならない

A 709 正解

不言実行（ふげんじっこう）

あれこれ言わず、黙ってなすべきことを実行すること

A 710 正解

不撓不屈（ふとうふくつ）

強い精神で困難や逆境に立ち向かいくじけないこと

A 711 正解

不偏不党（ふへんふとう）

かたよることなく、公正・中立な立場をとること

A 712 正解

付和雷同（ふわらいどう）

自分の主義主張がなく、他人の意見に従うこと

A 713 正解

粉骨砕身（ふんこつさいしん）

力の限り最大限の努力をすること

A 714 正解

文人墨客（ぶんじんぼっかく）

詩文や書画にすぐれ、風雅を楽しむ人のこと

A 715 正解

弊衣破帽（へいいはぼう）

身なりに気を使わず、粗野でむさくるしいこと

A 716 正解

片言隻句（へんげんせきく）

わずかな言葉／ほんのちょっとした言葉

A 717 正解

傍若無人（ぼうじゃくぶじん）

人まえをはばからず勝手気ままにふるまうこと

A 718 正解

本末転倒（ほんまつてんとう）

物事の根本的なことと、そうでないことを取り違えること

A 719 正解

漫言放語（まんげんほうご）

口からでまかせに、勝手なことをいい散らすこと

A 720 正解

名聞利養（みょうもんりよう）

名声と財産を得ようとする欲のこと

Q 721　穴埋め ☆

彼は無味□燥な返答しかしない

Q 722　穴埋め ☆

明□止水の気持ちで過ごす

Q 723　穴埋め ☆☆

明眸皓□な女性

Q 724　穴埋め ☆☆

面□腹背の姿勢を貫き通す

Q 725　穴埋め ☆☆☆

門前雀□

Q 726　穴埋め ☆☆☆

夜□自大にならないように気をつける

Q 727　穴埋め ☆

彼は優柔□断な性格が欠点だ

Q 728　穴埋め ☆☆

勇猛果□に起業に挑戦する

Q 729　穴埋め ☆

用意周□に挑む

Q 730　穴埋め ☆☆☆

落花□藉に及ぶ

Q 731　穴埋め ☆☆☆

乱離骨□の状態だ

Q 732　穴埋め ☆☆☆

理□曲直をわきまえた大人

A 721 正解

無味乾燥（むみかんそう）

なんの面白みも味わいもないこと

A 722 正解

明鏡止水（めいきょうしすい）

邪念がなく、澄み切って落ち着いた心境

A 723 正解

明眸皓歯（めいぼうこうし）

美人のたとえ

A 724 正解

面従腹背（めんじゅうふくはい）

うわべでは服従するように見せて、内心では反抗すること

A 725 正解

門前雀羅（もんぜんじゃくら）

訪ねてくる人がまったくいないさびしいさま

A 726 正解

夜郎自大（やろうじだい）

自分の力量を知らずに、いばっている者のたとえ

A 727 正解

優柔不断（ゆうじゅうふだん）

物事の判断がなかなかできず、迷ってばかりいること

A 728 正解

勇猛果敢（ゆうもうかかん）

勇ましくて勢いがあり、決断力に富んでいること

A 729 正解

用意周到（よういしゅうとう）

物事の用意が手抜かりなく行われているさま

A 730 正解

落花狼藉（らっかろうぜき）

女性や子供に乱暴をはたらくこと／物が散乱しているさま

A 731 正解

乱離骨灰（らりこっぱい）

ばらばらに離れ散ること

A 732 正解

理非曲直（りひきょくちょく）

道理に合っていることと合っていないこと

Q 733　穴埋め ☆☆

流言□語が
多いので
注意が必要だ

Q 734　穴埋め ☆☆☆

竜頭□尾に終わる

Q 735　穴埋め ☆☆

粒々□苦して
財産をつくる

Q 736　穴埋め ☆

彼の話は
理□整然として
わかりやすい

Q 737　穴埋め ☆

臨□応変に
行動する

Q 738　穴埋め ☆☆

冷汗□斗の思いで
立ち去った

Q 739　穴埋め ☆☆☆

六□清浄の心境で
試験にのぞむ

Q 740　穴埋め ☆☆☆

祖父の時代は
家族で**炉□談話**を
していた

Q 741　穴埋め ☆☆

論□行賞の
人事により
課長に昇進した

Q 742　穴埋め ☆☆

和魂漢□の精神を
忘れてはならない

Q 743　穴埋め ☆☆☆

和衷□同して
この企画を
成功させよう

Q 744　穴埋め ☆

このレストランは
和洋□衷の
メニューが多い

A 733 正解

流言飛語（りゅうげんひご）

世間に飛び交う根拠のないうわさ話

A 734 正解

竜頭蛇尾（りゅうとうだび）

始めは威勢がよいが、終わりは全く勢いがなくなること

A 735 正解

粒々辛苦（りゅうりゅうしんく）

努力や苦労を少しずつ積み重ねていくこと

A 736 正解

理路整然（りろせいぜん）

話や考えの筋道がきちんと通ってわかりやすいこと

A 737 正解

臨機応変（りんきおうへん）

状況に応じて適切な手段をとること

A 738 正解

冷汗三斗（れいかんさんと）

とても恥ずかしい思いをすること

A 739 正解

六根清浄（ろっこんしょうじょう）

欲や迷いを断ち切って、心身が清らかになること

A 740 正解

炉辺談話（ろへんだんわ）

ろばたでくつろいでするよもやま話

A 741 正解

論功行賞（ろんこうこうしょう）

功績や手柄を調べ、その程度に見合う褒美を与えること

A 742 正解

和魂漢才（わこんかんさい）

日本古来の精神を大切にしつつ、漢学を学ぶこと

A 743 正解

和衷協同（わちゅうきょうどう）

心を合わせて協力してものごとを行うこと

A 744 正解

和洋折衷（わようせっちゅう）

日本と西洋との風習・様式を共に取り入れること

第5章

表現が豊かになる類義語・対義語

［言い換え力を強化する］

用例を繰り返し読んで体に染み込ませる

言葉の能力のひとつに言い換え力があります。ひとつの言葉を別の言葉で言い換えられる、同じ意味の類義語を持ってくることができるのが言い換え力（類義語力）です。また、類義語は意味が同じでもニュアンスが異なる場合もあります。より文脈にふさわしい言葉をセレクトするためにも、類義語力は大切です。

一方で、対義語を知っているというのも日本語力を示すものです。対義語とは、意味が反対となる言葉や、意味が対照的になっている言葉のこと。

「Aは○○、Bは●●」という場合に、きちんと対義語を入れることができる、それによって文章表現がクリアになります。対比がはっきりとした文章にすることができるからです。

ここでは類義語と対義語をまとめてチェックしてみましょう。□の中は代表的な答えを記しています。それ以外に言い方がある場合もあります。

ふたつの用例を繰り返し読むことで、表現力を豊かにしてください。

類義語

Q 745 穴埋め ☆
悪評（あくひょう）＝□評
評判のよくないこと

Q 746 穴埋め ☆
意外（いがい）＝□外
予想と違うこと。存外

Q 747 穴埋め ☆☆
異存（いぞん）＝異□
反対意見のこと

Q 748 穴埋め ☆☆
一生（いっしょう）＝□生
生きているあいだ

Q 749 穴埋め ☆
一致（いっち）＝□致
ぴったり合うこと

Q 750 穴埋め ☆
移転（いてん）＝転□
住居を変えること。引っ越し

Q 751 穴埋め ☆
運輸（うんゆ）＝運□
貨物を運ぶこと。運搬

Q 752 穴埋め ☆
永遠（えいえん）＝永□
ある状態が果てしなく続くこと

Q 753 穴埋め ☆☆
栄養（えいよう）＝□養
体の養いとなること、もの

Q 754 穴埋め ☆☆
応接（おうせつ）＝応□
訪ねて来た人を迎え入れて、相手をすること

Q 755 穴埋め ☆☆
屋外（おくがい）＝□外
家屋の外

Q 756 穴埋め ☆
音信（おんしん）＝□息
便り。知らせ

Q 757 穴埋め ☆
介護（かいご）＝介□
病人やけが人などの世話をすること

Q 758 穴埋め ☆
外国（がいこく）＝□国
よその国のこと

Q 759 穴埋め ☆
改良（かいりょう）＝改□
悪いところを改めて、前よりよくすること

Q 760 穴埋め ☆☆
確保（かくほ）＝□持
他と妥協しないでかたく守ること

A 745 不評

悪評(あくひょう)が立つ
不評(ふひょう)を買う

A 746 案外

病気は**意外**(いがい)に重い
案外(あんがい)うまくいった

A 747 異議

異存(いぞん)はない
異議(いぎ)をとなえる

A 748 終生

幸福な**一生**(いっしょう)を送る
終生(しゅうせい)恩を忘れない

A 749 合致

言行**一致**(いっち)
二人の見解が**合致**(がっち)する

A 750 転居

事務所を**移転**(いてん)する
転居(てんきょ)通知

A 751 運送

運輸(うんゆ)行政
貨物の**運送**(うんそう)

A 752 永久

この時間が**永遠**(えいえん)に続いてほしい
君を**永久**(えいきゅう)に愛す

A 753 滋養

栄養(えいよう)をとる
滋養(じよう)のある食べもの

A 754 応対

応接(おうせつ)室
客の**応対**(おうたい)をする

A 755 戸外

屋外(おくがい)で働く
夏は**戸外**(こがい)で遊ぶことが多い

A 756 消息

彼とは**音信**(おんしん)不通だ
ようやく彼の**消息**(しょうそく)がわかった

A 757 介抱

老父を**介護**(かいご)する
事故のけが人を**介抱**(かいほう)した

A 758 異国

外国(がいこく)航路
異国(いこく)に骨を埋める

A 759 改善

品種を**改良**(かいりょう)する
待遇の**改善**(かいぜん)を求める

A 760 堅持

席を**確保**(かくほ)する
方針を**堅持**(けんじ)する

類義語

Q761 穴埋め ☆
形見（かたみ）＝□品
死んだ人や別れた人を思い出す頼りとなる品

Q765 穴埋め ☆
肝心（かんじん）＝肝□
とても大切なこと

Q769 穴埋め ☆☆
関与（かんよ）＝□入
あることに関係すること

Q773 穴埋め ☆☆☆
機転（きてん）＝機□
その場に応じた、機敏な心の働かせ方

Q762 穴埋め ☆
活発（かっぱつ）＝□活
きびきびしていて、元気なこと

Q766 穴埋め ☆☆
寛大（かんだい）＝寛□
心が広く、よく人を受け入れること

Q770 穴埋め ☆
基準（きじゅん）＝□準
判断のよりどころや行動の目安となるもの

Q774 穴埋め ☆
危篤（きとく）＝□篤
病気やケガの程度が重く、命に関わる状態

Q763 穴埋め ☆☆☆
過当（かとう）＝過□
適当な程度を超えているさま

Q767 穴埋め ☆
簡単（かんたん）＝□易
たやすくできること。やさしいこと

Q771 穴埋め ☆
気絶（きぜつ）＝失□
意識を失うこと

Q775 穴埋め ☆
基本（きほん）＝基□
物事の中心となるおおもと

Q764 穴埋め ☆☆☆
感心（かんしん）＝敬□
尊敬の念を抱いて従うこと

Q768 穴埋め ☆☆
観念（かんねん）＝□念
物事について抱く考えや意識

Q772 穴埋め ☆
規定（きてい）＝規□
物事を一定のかたちにはっきりさだめること

Q776 穴埋め ☆
脚本（きゃくほん）＝□本
演劇などのセリフ・演出などを記したもの

A 761 遺品
母の**形見**のネックレス
亡き父の**遺品**

A 762 快活
活発に飛び回る
快活な性格

A 763 過度
過当競争
過度に緊張する

A 764 敬服
彼の言葉に**感心**した
彼の考え方には**敬服**した

A 765 肝要
肝心なことを言う
忍耐が**肝要**だ

A 766 寛容
寛大な処置
寛容の精神

A 767 容易
簡単な問題
容易に行ける

A 768 概念
時間の**観念**がない
概念をつかむ

A 769 介入
事件に**関与**する
国際紛争に**介入**する

A 770 標準
採点の**基準**
標準に達する

A 771 失神
激痛のあまり**気絶**した
ショックで**失神**する

A 772 規則
規定の書式に書く
規則を守る

A 773 機知
機転がきく
機知に富む

A 774 重篤
危篤状態を脱した
重篤な症状

A 775 基礎
基本を身につける
基礎を固める

A 776 台本
映画の**脚本**を書く
台本通りに進める

類義語

Q777 穴埋め ☆
休息（きゅうそく）＝休□
していたことをやめて心身を休めること

Q778 穴埋め ☆☆
苦境（くきょう）＝□境
苦しい境遇。苦しい立場

Q779 穴埋め ☆
苦労（くろう）＝苦□
物事を成し遂げるために心を悩ませること

Q780 穴埋め ☆☆
計画（けいかく）＝意□
あらかじめ方法や順序などを考えること

Q781 穴埋め ☆☆
形勢（けいせい）＝□勢
なりゆき。様子。勢力の優劣の状態

Q782 穴埋め ☆☆
激流（げきりゅう）＝□流
激しい勢いの流れ

Q783 穴埋め ☆
決意（けつい）＝決□
自分の意志をはっきり決めること

Q784 穴埋め ☆
限度（げんど）＝限□
それ以上はこえられないという境目

Q785 穴埋め ☆
原料（げんりょう）＝□料
物を作るもとになるもの

Q786 穴埋め ☆
貢献（こうけん）＝寄□
何かのために役立つように尽力すること

Q787 穴埋め ☆
公正（こうせい）＝公□
かたよりなく平等である

Q788 穴埋め ☆
効能（こうのう）＝効□
ききめ。使い道

Q789 穴埋め ☆☆
催促（さいそく）＝□促
促すこと。借金などの支払いを迫ること

Q790 穴埋め ☆
最良（さいりょう）＝最□
もっとも良いこと

Q791 穴埋め ☆☆☆
残念（ざんねん）＝□憾
満足できなくて心残りがすること

Q792 穴埋め ☆☆
参拝（さんぱい）＝参□
寺社に行って拝むこと

A 777 **休憩**

しばらく**休息**する

五分間**休憩**する

A 778 **逆境**

苦境に直面する

逆境にめげない

A 779 **苦心**

苦労の甲斐がある

苦心が実る

A 780 **意図**

計画を練る

相手の**意図**をくむ

A 781 **情勢**

形勢が逆転する

情勢は混沌としている

A 782 **急流**

激流にのまれる

ボートで**急流**下りを楽しむ

A 783 **決心**

固く**決意**する

転職を**決心**する

A 784 **限界**

許容の**限度**を超える

体力の**限界**

A 785 **材料**

石油を**原料**とする洗剤

建築**材料**

A 786 **寄与**

科学の発展に**貢献**する

環境の改善に**寄与**する

A 787 **公平**

公正な取引

公平な意見を述べる

A 788 **効用**

効能があらわれる

薬の**効用**

A 789 **督促**

原稿を**催促**する

返済を**督促**する

A 790 **最善**

最良の方法

最善を尽くす

A 791 **遺憾**

お目にかかれなくて**残念**です

遺憾に存じます

A 792 **参詣**

明治神宮に**参拝**する

天神様を**参詣**する

類義語

Q793 穴埋め ☆☆
試験（しけん）＝□査
調べて判断すること

Q794 穴埋め ☆☆
実態（じったい）＝実□
実際のありさま。ありのままの状態

Q795 穴埋め ☆
失敗（しっぱい）＝失□
やりそこなうこと。しくじり

Q796 穴埋め ☆☆☆
自負（じふ）＝自□
自分の才能や仕事に誇りを持つこと

Q797 穴埋め ☆☆
使命（しめい）＝任□
課せられた仕事。果たすべきつとめ

Q798 穴埋め ☆
借金（しゃっきん）＝負□
金銭や物資を借りること。その借りたもの

Q799 穴埋め ☆
習慣（しゅうかん）＝慣□
日常の決まりきった行いのこと

Q800 穴埋め ☆☆
熟読（じゅくどく）＝□読
細かい所までよく注意して読むこと

Q801 穴埋め ☆
出版（しゅっぱん）＝□行
書籍などを制作し世に出すこと

Q802 穴埋め ☆☆
手腕（しゅわん）＝技□
物事を行う、すぐれた腕前／能力

Q803 穴埋め ☆
瞬間（しゅんかん）＝瞬□
きわめて短い時間。またたく間

Q804 穴埋め ☆☆
順序（じゅんじょ）＝次□
ある基準に従った並び方。順番

Q805 穴埋め ☆☆☆
詳細（しょうさい）＝□細
くわしく、こまかなこと

Q806 穴埋め ☆
消失（しょうしつ）＝消□
消えてなくなること

Q807 穴埋め ☆☆
承認（しょうにん）＝承□
そのことが正当であると判断し、認めること

Q808 穴埋め ☆☆
真実（しんじつ）＝真□
うそいつわりのないこと

A 793 考査

性能を**試験**する

人物を**考査**する

A 794 実情

生活**実態**

実情に沿った対策

A 795 失策

失敗の原因

急いだために**失策**を招いた

A 796 自尊

腕前を**自負**する

自尊心が強い

A 797 任務

特別な**使命**を帯びる

任務を全うする

A 798 負債

知人から**借金**する

負債を背負う

A 799 慣習

早起きの**習慣**をつける

土地の**慣習**に従う

A 800 精読

教科書を**熟読**する

古典を**精読**する

A 801 刊行

自伝を**出版**する

作品集を**刊行**する

A 802 技量

手腕を振るう

すぐれた**技量**

A 803 瞬時

決定的**瞬間**

情報は**瞬時**に伝わる

A 804 次第

順序よく並ぶ

式の**次第**を掲示する

A 805 委細

詳細に調べる

委細面談

A 806 消滅

権利が**消失**する

自然**消滅**

A 807 承諾

理事会が**承認**した

承諾を得る

A 808 真相

真実を語る

真相を究明する

類義語

Q 809 穴埋め ☆☆
親切（しんせつ）＝□意
思いやりをもって人のためにつくすこと

Q 810 穴埋め ☆☆
迅速（じんそく）＝□敏
物事の進行がきわめて速いさま

Q 811 穴埋め ☆☆☆
進退（しんたい）＝去□
去ることと留まること。身の振り方

Q 812 穴埋め ☆
心配（しんぱい）＝不□
何か起きはしないかと気にかけること

Q 813 穴埋め ☆☆
進歩（しんぽ）＝□上
物事が次第によいほうに進んでいくこと

Q 814 穴埋め ☆
信用（しんよう）＝信□
間違いないとして受け入れること

Q 815 穴埋め ☆☆☆
尽力（じんりょく）＝□身
ある事をなすために、力をつくすこと

Q 816 穴埋め ☆☆
推測（すいそく）＝推□
おしはかること

Q 817 穴埋め ☆
制限（せいげん）＝制□
物事の限界を定めること

Q 818 穴埋め ☆
責任（せきにん）＝責□
負わなければならない任務

Q 819 穴埋め ☆
設備（せつび）＝□設
必要な装置などを設けること、設けたもの

Q 820 穴埋め ☆
節約（せつやく）＝□約
無駄をはぶいて、切り詰める

Q 821 穴埋め ☆
増加（ぞうか）＝増□
数量が増えること、増やすこと

Q 822 穴埋め ☆☆
組織（そしき）＝□構
組み立てること。組み立てられたもの

Q 823 穴埋め ☆☆
大家（たいか）＝権□
ある分野で特に優れた実績をあげた人

Q 824 穴埋め ☆
対等（たいとう）＝□角
二つの物事の間に上下優劣のないこと

A 809 **厚意**

親切（しんせつ）な人
厚意（こうい）に感謝する

A 810 **機敏**

迅速（じんそく）に対処する
機敏（きびん）な動作

A 811 **去就**

進退（しんたい）を決する
今後の身の**去就**（きょしゅう）に迷う

A 812 **不安**

心配（しんぱい）の種は尽きない
不安（ふあん）がつのる

A 813 **向上**

進歩（しんぽ）した文明
品質の**向上**（こうじょう）をはかる

A 814 **信頼**

商売は**信用**（しんよう）が第一
部下を**信頼**（しんらい）する

A 815 **献身**

再建に**尽力**（じんりょく）する
献身（けんしん）的な看病

A 816 **推量**

原因を**推測**（すいそく）する
その**推量**（すいりょう）は的外れだ

A 817 **制約**

応募資格を**制限**（せいげん）する
時間に**制約**（せいやく）される

A 818 **責務**

責任（せきにん）を果たす
重大な**責務**（せきむ）を負う

A 819 **施設**

最新の**設備**（せつび）を整える
公共**施設**（しせつ）

A 820 **倹約**

経費を**節約**（せつやく）する
小遣いを**倹約**（けんやく）する

A 821 **増大**

人口が**増加**（ぞうか）する
危険が**増大**（ぞうだい）する

A 822 **機構**

組合を**組織**（そしき）する
流通**機構**（きこう）

A 823 **権威**

書道の**大家**（たいか）
権威（けんい）が失墜する

A 824 **互角**

対等（たいとう）な立場
互角（ごかく）に渡り合う

類義語

Q 825 穴埋め ☆

多種（たしゅ）＝多□

種類の多いこと

Q 826 穴埋め ☆

短所（たんしょ）＝□点

他のものと比べて劣っているところ

Q 827 穴埋め ☆☆

着実（ちゃくじつ）＝□実

手堅く危なげないこと。確かなこと

Q 828 穴埋め ☆

中途（ちゅうと）＝□中

進行する物事のなかば

Q 829 穴埋め ☆☆

治療（ちりょう）＝□療

病気を治すこと

Q 830 穴埋め ☆☆

追想（ついそう）＝□想

過去を思い出してしのぶこと

Q 831 穴埋め ☆☆☆

定刻（ていこく）＝刻□

定められた時刻。一定の時刻

Q 832 穴埋め ☆

同意（どうい）＝□成

相手と同じ意見・考え

Q 833 穴埋め ☆

動機（どうき）＝□因

人が意志を決めたりする直接のきっかけ

Q 834 穴埋め ☆

得意（とくい）＝得□

望みがかない満足していること。得意とすること

Q 835 穴埋め ☆☆

突然（とつぜん）＝□意

思いがけないこと。出し抜け

Q 836 穴埋め ☆

努力（どりょく）＝□勉

心をこめて事にあたること

Q 837 穴埋め ☆

忍耐（にんたい）＝我□

苦しみ・つらさ・怒りなどをたえしのぶこと

Q 838 穴埋め ☆☆

薄情（はくじょう）＝□淡

熱心でないこと。同情を示さないこと

Q 839 穴埋め ☆

発達（はったつ）＝□歩

成長して、より完全な形態に達すること

Q 840 穴埋め ☆

必然（ひつぜん）＝□然

必ずそうなると決まっていること

A 825 多彩

多種多様
多彩な顔ぶれ

A 826 欠点

彼の短所に目をつぶる
欠点を補う

A 827 堅実

着実な努力
堅実な商売

A 828 途中

中途採用
坂の途中

A 829 医療

歯を治療する
医療施設

A 830 回想

若かりし頃のことを追想する
回想録

A 831 刻限

定刻通り開会する
刻限に遅れる

A 832 賛成

同意を求める
彼女の意見に賛成する

A 833 原因

犯行の動機
原因を突き止める

A 834 得手

得意の絶頂
誰にでも得手不得手がある

A 835 不意

突然な出来事
不意に襲われる

A 836 勤勉

努力のたまもの
勤勉な人

A 837 我慢

忍耐強い人
空腹を我慢する

A 838 冷淡

薄情な仕打ち
冷淡な目で見る

A 839 進歩

発達した文明
長足の進歩を遂げる

A 840 当然

失敗は必然だ
当然の報い

類義語

Q 841 穴埋め ☆☆
美点（びてん）＝□所
優れている点。よい点

Q 842 穴埋め ☆☆
品格（ひんかく）＝□品
その物から感じられるおごそかさ。品位

Q 843 穴埋め ☆☆
風潮（ふうちょう）＝□向
時代とともに変わる世間一般の動き

Q 844 穴埋め ☆
付近（ふきん）＝近□
ある場所の周辺の地域。近所

Q 845 穴埋め ☆☆
無事（ぶじ）＝安□
身の上などに悪いことが起こらないこと

Q 846 穴埋め ☆
不足（ふそく）＝欠□
物が十分にないこと

Q 847 穴埋め ☆
不平（ふへい）＝不□
不満に思うこと

Q 848 穴埋め ☆
文化（ぶんか）＝文□
世の中が進み精神的・物質的に豊かである状態

Q 849 穴埋め ☆☆
分別（ふんべつ）＝思□
物事の是非や道理を判断すること

Q 850 穴埋め ☆☆
便利（べんり）＝重□
うまく役に立つこと

Q 851 穴埋め ☆
方角（ほうがく）＝方□
今いる地点から指し示した向き

Q 852 穴埋め ☆
方法（ほうほう）＝□段
ある目的を達するためのやり方

Q 853 穴埋め ☆☆☆
没頭（ぼっとう）＝□心
一つの事だけに熱中すること

Q 854 穴埋め ☆
未来（みらい）＝□来
これからやってくる時。前途

Q 855 穴埋め ☆☆
民意（みんい）＝□論
国民・人民の意思

Q 856 穴埋め ☆
明細（めいさい）＝内□
細かい点まではっきりしたくわしい内容

A 841 **長所**

彼女の**美点**は気づかいだ

誰にでも**長所**はある

A 842 **気品**

品格のある人

気品の感じられる文章

A 843 **傾向**

社会の**風潮**を反映する

物価上昇の**傾向**にある

A 844 **近辺**

家の**付近**を散歩する

近辺警護にあたる

A 845 **安全**

家族の**無事**を祈る

安全な場所を確保する

A 846 **欠乏**

人手が**不足**する

ビタミンBが**欠乏**する

A 847 **不服**

不平を言う

不服を申し立てる

A 848 **文明**

文化遺産

文明開化

A 849 **思慮**

分別のある人

思慮に欠けた行動

A 850 **重宝**

便利な道具

皆に**重宝**がられる人

A 851 **方向**

駅の**方角**に歩き出す

方向を誤る

A 852 **手段**

練習**方法**を工夫する

最後の**手段**

A 853 **専心**

研究に**没頭**する

専心努力する

A 854 **将来**

未来を担う青年

将来が楽しみだ

A 855 **世論**

民意を問う

世論に訴える

A 856 **内訳**

給与の**明細**

支出の**内訳**

類義語

Q 857 穴埋め ☆
綿密（めんみつ）＝細□
細かい点まで心を配ること。そのやり方

Q 858 穴埋め ☆
有名（ゆうめい）＝□名
世間に名前がよく知られていること

Q 859 穴埋め ☆
用意（ようい）＝□備
あらかじめ必要なものをとりそろえること

Q 860 穴埋め ☆
用事＝用□
しなければならない事柄

Q 861 穴埋め ☆☆
来歴（らいれき）＝□緒
これまで経てきた筋道。物事のいわれ

Q 862 穴埋め ☆☆
落胆（らくたん）＝失□
期待通りにならず、がっかりすること

Q 863 穴埋め ☆☆
乱雑（らんざつ）＝雑□
入り乱れて秩序がないこと

Q 864 穴埋め ☆☆
理解（りかい）＝会□
物事がわかること。自分のものとすること

Q 865 穴埋め ☆☆☆
律儀（りちぎ）＝□直
とても義理がたいこと。誠実で正直なこと

Q 866 穴埋め ☆
利用（りよう）＝□用
物の機能・利点を生かして用いること

Q 867 穴埋め ☆☆
了解（りょうかい）＝□得
物事の内容や事情を理解して承認すること

Q 868 穴埋め ☆
履歴（りれき）＝□歴
現在までに経てきた学業・職業など

Q 869 穴埋め ☆☆
例外（れいがい）＝特□
普通のものと異なっていること

Q 870 穴埋め ☆☆
冷酷（れいこく）＝□道
思いやりがなく、冷たく、むごいこと

Q 871 穴埋め ☆☆
冷静（れいせい）＝□着
感情的にならずに、落ち着いていること

Q 872 穴埋め ☆☆☆
歴然（れきぜん）＝□然
はっきりとして間違えようもないさま

A 857
細心
綿密（めんみつ）な計画
細心（さいしん）の注意を払う

A 858
著名
庭園で**有名**（ゆうめい）な寺
著名人（ちょめい）

A 859
準備
食事を**用意**（ようい）する
準備（じゅんび）に余念がない

A 860
用件
大切な**用事**（ようじ）
用件（ようけん）を済ます

A 861
由緒
故事**来歴**（らいれき）
由緒（ゆいしょ）のある家柄

A 862
失望
受験に失敗し**落胆**（らくたん）する
彼には**失望**（しつぼう）した

A 863
雑然
机の上が**乱雑**（らんざつ）だ
雑然（ざつぜん）とした部屋

A 864
会得
内容を正しく**理解**（りかい）する
こつを**会得**（えとく）する

A 865
実直
律儀（りちぎ）な働き者
実直（じっちょく）を旨とする

A 866
活用
新幹線を**利用**（りよう）する
学んだ知識を**活用**（かつよう）する

A 867
納得
事情を**了解**（りょうかい）する
納得（なっとく）いく説明をする

A 868
経歴
履歴（りれき）を記す
経歴（けいれき）を偽る

A 869
特殊
例外（れいがい）を設ける
特殊（とくしゅ）な製法

A 870
非道
冷酷（れいこく）な仕打ち
極悪**非道**（ひどう）

A 871
沈着
冷静（れいせい）に状況を判断する
沈着（ちんちゃく）な行動

A 872
判然
歴然（れきぜん）たる証拠がある
意図が**判然**（はんぜん）としない

対義語

Q873 穴埋め ☆☆
愛護（あいご）↔□待
大事にすること↔むごい扱いをすること

Q874 穴埋め ☆
愛国（あいこく）↔□国
自国を愛する↔自国の不利になることをする

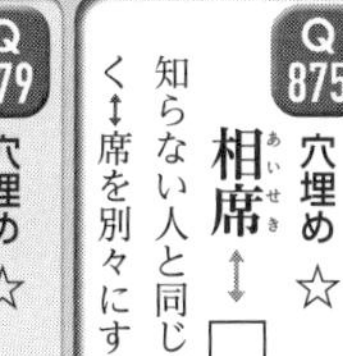

Q875 穴埋め ☆
相席（あいせき）↔□席
知らない人と同じ席につく↔席を別々にする

Q876 穴埋め ☆
哀楽（あいらく）↔喜□
悲しみと楽しみ↔喜びと怒り

Q877 穴埋め ☆☆
齷齪（あくせく）↔□悠
気ぜわしい↔落ち着いている

Q878 穴埋め ☆
悪天↔□天
悪い天候↔良い天候

Q879 穴埋め ☆
悪文（あくぶん）↔□文
理解しにくい文↔すぐれた文

Q880 穴埋め ☆☆
彼方（あなた／かなた）↔□方
あちら、あっち↔こちら、こっち

Q881 穴埋め ☆☆☆
暗算（あんざん）↔□算
頭の中で計算する↔数字を書いて計算する

Q882 穴埋め ☆
安定（あんてい）↔□動
落ち着いた状態↔変わり動くこと

Q883 穴埋め ☆☆
威圧（いあつ）↔□柔
力で相手をおさえつける↔うまく抱き込む

Q884 穴埋め ☆
意外（いがい）↔当□
思いがけないこと↔あたりまえのこと

Q885 穴埋め ☆
異郷（いきょう）↔□郷
ふるさとを遠く離れたところ↔ふるさと

Q886 穴埋め ☆☆
委細（いさい）↔□略
くわしく、こまかなこと↔あらまし

Q887 穴埋め ☆
遺失（いしつ）↔拾□
落としたりして金品を失う↔落とし物などを拾う

Q888 穴埋め ☆☆
異色（いしょく）↔平□
目立った特色がある↔ありふれている

A 873 虐待

動物**愛護**(あいご)週間

児童**虐待**(ぎゃくたい)

A 874 売国

愛国(あいこく)心

やつは敵国と通じた**売**(ばい)**国**(こく)奴だ

A 875 別席

相席(あいせき)させてください

別席(べっせき)を設ける

A 876 喜怒

喜怒**哀楽**(あいらく)

喜怒(きど)を顔にあらわす

A 877 悠悠

齷齪(あくせく)働く

悠悠(ゆうゆう)と歩く

A 878 好天

悪天(あくてん)をついて出発する

好天(こうてん)に恵まれる

A 879 名文

恐るべき**悪文**(あくぶん)で手に負えない

名文(めいぶん)家

A 880 此方

山の**彼方**(あなた／かなた)の町

此方(こなた)に住んで3年になる

A 881 筆算

暗算(あんざん)で答えを出す

筆算(ひっさん)して確かめる

A 882 変動

心の**安定**(あんてい)を保つ

景気の**変動**(へんどう)

A 883 懐柔

威圧(いあつ)的な態度

議会を**懐柔**(かいじゅう)する

A 884 当然

意外(いがい)な人に出会った

叱られて**当然**(とうぜん)だ

A 885 故郷

異郷(いきょう)で暮らす

生まれ**故郷**(こきょう)

A 886 概略

委細(いさい)面談

調査の**概略**(がいりゃく)を述べる

A 887 拾得

遺失(いしつ)物が見つかる

拾得(しゅうとく)物を届ける

A 888 平凡

異色(いしょく)な存在

平凡(へいぼん)な人生

Q 889 穴埋め ☆☆

一代（いちだい）↕ □代

人の一生、一生涯↕長い年月、永久

Q 890 穴埋め ☆☆

違反（いはん）↕ □守

きまりに従わない↕きまりに従う

Q 891 穴埋め ☆☆☆

韻文（いんぶん）↕ □文

韻を踏んだ文↕制約のない通常の文

Q 892 穴埋め ☆

迂回（うかい）↕ □行

遠回りする↕目的地へまっすぐ行く

Q 893 穴埋め ☆

氏子（うじこ）↕ 氏□

神をまつる人々↕その土地を守る神

Q 894 穴埋め ☆

運航（うんこう）↕ □航

船・航空機が航路を進む↕運航を取りやめる

Q 895 穴埋め ☆

栄華（えいが）↕ □落

はなやかに栄えること↕落ちぶれること

Q 896 穴埋め ☆☆☆

永住（えいじゅう）↕ 仮□

ある土地に永く住むこと↕一時的に住むこと

Q 897 穴埋め ☆

栄転（えいてん）↕ 左□

よりよい地位にうつる↕低い地位に落とす

Q 898 穴埋め ☆

鋭敏（えいびん）↕ □感

物事を鋭く感じとる↕感じ方がにぶい

Q 899 穴埋め ☆☆☆

穢土（えど）↕ □土

煩悩のある世界。この世↕仏の住む世界

Q 900 穴埋め ☆☆

奥義（おうぎ）↕ □歩

学問などの最も奥深いところ↕学びはじめ

Q 901 穴埋め ☆☆☆

臆病（おくびょう）↕ 豪□

怖がりやすい性質↕ものに同じない性質

Q 902 穴埋め ☆☆

汚染（おせん）↕ 清□

汚れること↕清らかでけがれのないこと

Q 903 穴埋め ☆☆

解放（かいほう）↕ □束

ときはなして自由にする↕自由を制限する

Q 904 穴埋め ☆

華美（かび）↕ □素

はなやかで美しいこと↕つつましいこと

A 889 **永代**

一代で財を成す

永代供養

A 890 **遵守**

法規に違反する

法令遵守

A 891 **散文**

韻文体

散文的な解釈

A 892 **直行**

工事中につき迂回する

会社に直行する

A 893 **氏神**

氏子が神社を守る

初詣は氏神様にお参りする

A 894 **欠航**

毎日運航している

荒天のため欠航する

A 895 **没落**

栄華を極める

没落した貴族

A 896 **仮寓**

永住の地と定める

友人の家に仮寓する

A 897 **左遷**

支店長に栄転する

地方支社に左遷させられる

A 898 **鈍感**

鋭敏な感覚

味覚が鈍感になる

A 899 **浄土**

穢土を離れ往生を願う

極楽浄土

A 900 **初歩**

奥義をきわめる

初歩からやり直す

A 901 **豪胆**

臆病な子猫

豪胆な振る舞い

A 902 **清浄**

放射能に汚染される

清浄な空気を吸う

A 903 **拘束**

貧困から解放される

時間に拘束される

A 904 **質素**

華美な服装

質素に暮らす

Q905 穴埋め ☆☆
頑丈（がんじょう）↕**華□**
しっかりとして強いこと↕細くてか弱いこと

Q906 穴埋め ☆
簡略（かんりゃく）↕**□細**
簡単で手みじかなこと↕細部までくわしいこと

Q907 穴埋め ☆
記憶（きおく）↕**忘□**
覚えていること↕忘れること

Q908 穴埋め ☆
義務（ぎむ）↕**□利**
当然なすべき務め↕することのできる資格

Q909 穴埋め ☆☆
却下（きゃっか）↕**受□**
願いなどを退けること↕受けつけること

Q910 穴埋め ☆
勤勉（きんべん）↕**怠□**
精を出して励むこと↕怠けること

Q911 穴埋め ☆☆
苦言（くげん）↕**□言**
あえて言ういさめる言葉↕うまい言葉

Q912 穴埋め ☆☆
愚鈍（ぐどん）↕**□発**
理解力などがにぶいこと↕賢いこと

Q913 穴埋め ☆
軽快（けいかい）↕**□重**
軽やかですばやいこと↕にぶくてのろいこと

Q914 穴埋め ☆☆
決断（けつだん）↕**□躇**
きっぱりと心を決めること↕ためらうこと

Q915 穴埋め ☆☆
賢明（けんめい）↕**暗□**
かしこくて適切↕道理に暗くおろか

Q916 穴埋め ☆
故意（こい）↕**□失**
わざとすること↕不注意や怠慢によるあやまち

Q917 穴埋め ☆☆
高潔（こうけつ）↕**□劣**
心がけだかく清らかなこと↕いやしいこと

Q918 穴埋め ☆
巧遅（こうち）↕**□速**
巧みだが遅いこと↕下手だが早いこと

Q919 穴埋め ☆
興奮↕**□静**
気持ちが高ぶること↕落ち着いて静かなこと

Q920 穴埋め ☆
雇用（こよう）↕**□雇**
人を雇うこと↕使用人をやめさせること

A 905
華奢
頑丈なからだつき
華奢なつくりの椅子

A 906
詳細
簡略な説明
詳細にメモをとる

A 907
忘却
よく**記憶**している
忘却し得ないできごと

A 908
権利
義務を果たす
権利を主張する

A 909
受理
願書が**却下**された
辞表を**受理**する

A 910
怠惰
勤勉な人
怠惰な生活

A 911
甘言
苦言を呈する
甘言につられる

A 912
利発
愚鈍な人間にはなるまい
利発な子供

A 913
鈍重
軽快に歩く
鈍重な足運び

A 914
躊躇
決断を迫られる
土壇場に来て**躊躇**する

A 915
暗愚
賢明な処置
暗愚な為政者

A 916
過失
故意に負ける
過失を悔やむ

A 917
卑劣
高潔な人柄
卑劣な手段で人を陥れる

A 918
拙速
巧遅は拙速に如かず
拙速に事を運ぶ

A 919
鎮静
興奮して眠れない
インフレが**鎮静**する

A 920
解雇
終身雇用
不況で従業員を**解雇**する

対義語

Q 921 穴埋め ☆☆
根本（こんぽん）↕□葉
物事の成り立ちの基礎↕ささいな部分

Q 922 穴埋め ☆
採光（さいこう）↕□光
室内に明るさを取り入れる↕光をさえぎる

Q 923 穴埋め ☆☆
細密（さいみつ）↕□大
細かくくわしいこと↕おおざっぱなこと

Q 924 穴埋め ☆☆
斬新（ざんしん）↕□腐
きわだって新しい↕ありふれてつまらない

Q 925 穴埋め ☆
資産（しさん）↕□債
金品などの財産↕返済義務のある金品

Q 926 穴埋め ☆
借用（しゃくよう）↕貸□
金品を借りて使うこと↕貸し与えること

Q 927 穴埋め ☆☆☆
充実（じゅうじつ）↕空□
内容が豊富なこと↕内容がなく貧弱なこと

Q 928 穴埋め ☆
収縮（しゅうしゅく）↕膨□
しまりちぢまること↕ふくれること

Q 929 穴埋め ☆☆
集中（しゅうちゅう）↕散□
一カ所に集めること↕まとまりのないこと

Q 930 穴埋め ☆☆
親切（しんせつ）↕□淡
人情が厚いこと↕同情を示さないこと

Q 931 穴埋め ☆☆
深層（しんそう）↕□層
奥深く隠れた部分↕うわべ

Q 932 穴埋め ☆☆
静止（せいし）↕□転
じっと動かないこと↕移り変わっていくこと

Q 933 穴埋め ☆☆
静寂（せいじゃく）↕□噪
ひっそりとしていること↕騒がしいこと

Q 934 穴埋め ☆
相違（そうい）↕□似
同じでないこと↕似通っていること

Q 935 穴埋め ☆☆
齟齬（そご）↕□合
くいちがうこと↕ぴったり合うこと

Q 936 穴埋め ☆
対抗（たいこう）↕本□
優勝候補と争う者↕優勝の第一候補。最有力候補

A 921 枝葉

生き方の**根本**にかかわる

枝葉にこだわる

A 922 遮光

天窓から**採光**する

ブラインドで**遮光**する

A 923 粗大

細密な描写

粗大なやりくち

A 924 陳腐

斬新なデザイン

陳腐な言いまわし

A 925 負債

企業が保有する流動**資産**

負債を抱える

A 926 貸与

無断で**借用**する

資金を**貸与**する

A 927 空疎

充実した日々を過ごす

空疎な議論に終始した

A 928 膨張

血管が**収縮**する

歳出が年々**膨張**している

A 929 散漫

精神を**集中**する

注意力が**散漫**だ

A 930 冷淡

人の**親切**にあずかる

近所づきあいに**冷淡**な人

A 931 表層

文化の**深層**をさぐる

物事の**表層**しか見ていない

A 932 流転

静止画面

万物は**流転**する

A 933 喧噪

静寂に包まれる

都会の**喧噪**を避ける

A 934 類似

事実と**相違**がある

犯罪の手口が**類似**している

A 935 符合

内容に**齟齬**をきたす

ふたりの言うことが**符合**する

A 936 本命

市長選の**対抗**として出馬する

次期社長の**本命**

対義語

Q 937 穴埋め ☆
逮捕（たいほ）↕□放
犯人などの身柄を拘束する↕解放する

Q 938 穴埋め ☆
蓄財（ちくざい）↕□財
財産をたくわえる↕金銭を無駄に使う

Q 939 穴埋め ☆☆
追跡（ついせき）↕逃□
あとを追いかけること↕逃げ去ること

Q 940 穴埋め ☆
月夜（つきよ）↕□夜
月の明るい夜↕くらい夜、やみ夜

Q 941 穴埋め ☆
定休（ていきゅう）↕□休
あらかじめ決めてある休業↕定休以外の休業

Q 942 穴埋め ☆
統合（とうごう）↕分□
合わせてひとつにすること↕分かれていくこと

Q 943 穴埋め ☆
内職（ないしょく）↕□職
家計の補助としてのかせぎ↕主とする職業

Q 944 穴埋め ☆
難解（なんかい）↕平□
わかりにくいこと↕むずかしくないこと

Q 945 穴埋め ☆
肉眼（にくがん）↕□眼
肉体に備わる目↕真実を見抜く鋭い心の働き

Q 946 穴埋め ☆☆
任意（にんい）↕□制
その人の意思に任せる↕力尽くで行わせる

Q 947 穴埋め ☆☆
熱愛（ねつあい）↕憎□
心の底から愛すること↕憎み嫌うこと

Q 948 穴埋め ☆☆☆
濃厚（のうこう）↕□薄
強く感じられること↕気持ちなどが乏しいこと

Q 949 穴埋め ☆☆
能弁（のうべん）↕□弁
弁舌が巧みなこと↕話がなめらかでないこと

Q 950 穴埋め ☆
廃止（はいし）↕□続
やめて行わなくすること↕引き続き残すこと

Q 951 穴埋め ☆
破壊（はかい）↕□設
こわすこと↕つくり設けること

Q 952 穴埋め ☆
莫大（ばくだい）↕□少
きわめて多いこと↕わずかであること

A 937 **釈放**

容疑者を**逮捕**する
被疑者を**釈放**する

A 941 **臨休**

日曜日を**定休**にする
不測の事態で**臨休**にする

A 945 **心眼**

肉眼では見えない
心眼を開く

A 949 **訥弁**

能弁な人
訥弁だが心のこもった話

A 938 **散財**

蓄財して資産家となる
予定外に**散財**してしまう

A 942 **分化**

二つの部署を**統合**する
学問がますます**分化**する

A 946 **強制**

任意に選ぶ
強制的に署名させる

A 950 **存続**

虚礼の**廃止**
会社の**存続**が危ぶまれる

A 939 **逃走**

犯人を**追跡**する
その場から**逃走**する

A 943 **本職**

内職に翻訳をする
あの作家の**本職**は医者だ

A 947 **憎悪**

ひとり息子を**熱愛**する
憎悪の念を抱く

A 951 **建設**

環境**破壊**
理想国家の**建設**

A 940 **暗夜**

美しい**月夜**だ
暗夜を歩くのは危険

A 944 **平易**

難解な文章
平易な言葉で説明する

A 948 **希薄**

敗色が**濃厚**だ
熱意が**希薄**な人

A 952 **些少**

莫大な財産
きわめて**些少**ですがお納めください

対義語

Q 953 穴埋め ☆

薄給（はっきゅう）↕□給

少ない給料↕多額の給料

Q 954 穴埋め ☆

発熱（はつねつ）↕□熱

体温が高くなること↕体温を下げること

Q 955 穴埋め ☆☆

反感（はんかん）↕□意

反抗的な感情↕親しみの気持ち

Q 956 穴埋め ☆☆

反抗（はんこう）↕□従

手向かうこと↕意志や命令に従うこと

Q 957 穴埋め ☆☆

判然（はんぜん）↕□然

はっきりしていること↕はっきりとしないこと

Q 958 穴埋め ☆☆☆

彼岸（ひがん）↕□岸

さとりの境地。あの世↕迷いの世界。この世

Q 959 穴埋め ☆☆

筆禍（ひっか）↕□禍

文章が原因で受ける災難↕言論が原因で受ける災難

Q 960 穴埋め ☆☆☆

皮肉（ひにく）↕□辞

遠回しに避難すること↕愛想がいい言葉

Q 961 穴埋め ☆☆

秘密（ひみつ）↕□然

隠しておく↕世間に知れ渡っていること

Q 962 穴埋め ☆☆

不急（ふきゅう）↕□急

急ぐ必要のないこと↕急を要すること

Q 963 穴埋め ☆☆

分裂（ぶんれつ）↕□一

いくつかにわかれる↕ひとつにまとめる

Q 964 穴埋め ☆☆

平穏（へいおん）↕□穏

おだやかなこと↕おだやかでないこと

Q 965 穴埋め ☆

平時（へいじ）↕□時

ふだん。平和な時↕戦争をしている時

Q 966 穴埋め ☆☆

平然（へいぜん）↕驚□

落ち着き払っていること↕非常に驚くこと

Q 967 穴埋め ☆

返還（へんかん）↕□収

持ち主に返すこと↕強制的に取り上げること

Q 968 穴埋め ☆

保護（ほご）↕迫□

かばい守ること↕追い詰めて、苦しめること

A 953 高給

薄給(はっきゅう)に甘んじる

高給(こうきゅう)取り

A 954 解熱

風邪で発熱(はつねつ)する

解熱(げねつ)剤

A 955 好意

反感(はんかん)を買う行い

彼の好意(こうい)を無にする

A 956 服従

親に反抗(はんこう)する

服従(ふくじゅう)を強いられる

A 957 漠然

意図が判然(はんぜん)としない

漠然(ばくぜん)とした話だ

A 958 此岸

彼岸(ひがん)に渡る

煩悩にまみれた此岸(しがん)を生きる

A 959 舌禍

筆禍(ひっか)をこうむる

舌禍(ぜっか)事件

A 960 世辞

皮肉(ひにく)を言う

世辞(せじ)で丸め込む

A 961 公然

秘密(ひみつ)に相談する

公然(こうぜん)たる事実

A 962 火急

不要不急(ふきゅう)

火急(かきゅう)の知らせ

A 963 統一

党が二つに分裂(ぶんれつ)する

天下を統一(とういつ)する

A 964 不穏

平穏(へいおん)を取り戻す

不穏(ふおん)な空気を感じる

A 965 戦時

平時(へいじ)の備え

戦時(せんじ)体制

A 966 驚愕

大試合にも平然(へいぜん)としている

急死の報に驚愕(きょうがく)する

A 967 没収

領土の返還(へんかん)

財産を没収(ぼっしゅう)する

A 968 迫害

森林を保護(ほご)する

少数民族を迫害(はくがい)する

Q 969 穴埋め ☆☆

牡馬（ぼば）↕□馬

雄の馬↕雌の馬

Q 970 穴埋め ☆☆

毎日（まいにち）↕□日

日ごと。日々↕一日おき

Q 971 穴埋め ☆

正夢（まさゆめ）↕□夢

現実となった夢↕現実とは逆の夢

Q 972 穴埋め ☆☆☆

密教（みっきょう）↕□教

深遠秘密の仏教↕言葉で説かれた仏教

Q 973 穴埋め ☆

密集（みっしゅう）↕散□

ぎっしり集まること↕散らばっていること

Q 974 穴埋め ☆☆

無学（むがく）↕□学

学問・知識のないこと↕ひろく通じていること

Q 975 穴埋め ☆

無理（むり）↕□理

筋道の通らないこと↕正しい筋道

Q 976 穴埋め ☆

明示（めいじ）↕□示

はっきり示すこと↕それとなく知らせること

Q 977 穴埋め ☆☆

明瞭（めいりょう）↕□昧

あきらかであること↕はっきりしないこと

Q 978 穴埋め ☆

免税（めんぜい）↕□税

税金を免除すること↕税を割り当てること

Q 979 穴埋め ☆☆

綿密（めんみつ）↕□雑

詳しく細かいこと↕大ざっぱなこと

Q 980 穴埋め ☆

目的（もくてき）↕手□

目指す事柄↕実現させるための方法

Q 981 穴埋め ☆

黙秘（もくひ）↕□述

黙ったままでいること↕事実を述べること

Q 982 穴埋め ☆

野獣（やじゅう）↕家□

野生のけだもの↕人間のために飼われる動物

Q 983 穴埋め ☆

優遇（ゆうぐう）↕□遇

手厚くもてなすこと↕不当に低い待遇をすること

Q 984 穴埋め ☆

油断（ゆだん）↕□戒

注意をおこたる↕危険に備えて用心する

A 969 牝馬

優秀な競走馬は種**牡馬**になる

繁殖**牝馬**

A 970 隔日

毎日電話をする

隔日勤務

A 971 逆夢

あの日の夢が**正夢**になった

逆夢でがっかりした

A 972 顕教

大日如来を本尊とする**密教**

顕教は釈迦の教え

A 973 散在

住宅が**密集**する

山里に人家が**散在**する

A 974 博学

無学な自分を恥じる

博学多才

A 975 道理

怒るのも**無理**はない

道理をわきまえる

A 976 暗示

理由を**明示**する

将来を**暗示**する事件

A 977 曖昧

明瞭な発音

態度が**曖昧**だ

A 978 課税

免税品

利子に**課税**する

A 979 粗雑

綿密に計画を立てる

粗雑に扱う

A 980 手段

目的を遂げる

有効な**手段**を考える

A 981 供述

黙秘を続ける

犯行の動機を**供述**する

A 982 家畜

野獣のような振る舞いをする男

家畜で生計を立てる

A 983 冷遇

経験者を**優遇**する

実力はあるのに**冷遇**されている

A 984 警戒

油断なく目を配る

徹夜で**警戒**にあたる

Q 985 穴埋め ☆☆

擁護（ようご）↕□害

かばいまもること↕他人の権利をおかすこと

Q 986 穴埋め ☆☆

幼稚（ようち）↕老□

おさないこと↕物事になれて巧みなこと

Q 987 穴埋め ☆

来航（らいこう）↕□航

外国から船で来ること↕海外へ行くこと

Q 988 穴埋め ☆

落命（らくめい）↕□命

命を落とすこと↕生きていること

Q 989 穴埋め ☆

乱世（らんせい）↕□世

秩序の乱れた世の中↕太平の世

Q 990 穴埋め ☆

理性（りせい）↕□情

道理を考える能力↕感じて起こる気持ち

Q 991 穴埋め ☆

利息（りそく）↕□金

利子↕貸し借りしたもとの金

Q 992 穴埋め ☆☆

理論（りろん）↕実□

筋道を立てた知識の体系↕実際に行うこと

Q 993 穴埋め ☆☆

流浪（るろう）↕□住

さまよいさすらうこと↕一定の場所に住みつくこと

Q 994 穴埋め ☆☆

冷静（れいせい）↕□奮

落ち着いていること↕気持ちが高ぶること

Q 995 穴埋め ☆☆☆

黎明（れいめい）↕□暮

明け方。夜明け↕夕暮れ。たそがれ

Q 996 穴埋め ☆☆

朗報↕□報

よい知らせ↕わるい知らせ

Q 997 穴埋め ☆☆

録画（ろくが）↕□況

映像を記録すること↕ありのままの現在の姿

Q 998 穴埋め ☆☆

露見（ろけん）↕隠□

悪事や秘密がばれること↕悪事を隠すこと

Q 999 穴埋め ☆☆

和解（わかい）↕決□

仲直りすること↕物別れになること

Q 1000 穴埋め ☆☆

和合↕離□

うちとけて仲よくすること↕離れそむくこと

A 985 侵害

人権を**擁護**(ようご)する
プライバシーの**侵害**(しんがい)

A 986 老練

幼稚(ようち)なふるまい
老練(ろうれん)な駆け引き

A 987 渡航

ペリー**来航**(らいこう)
イギリスに**渡航**(とこう)する

A 988 存命

海難事故で**落命**(らくめい)する
祖父母とも**存命**(ぞんめい)しております

A 989 治世

乱世(らんせい)を生き抜く
徳川十五代の**治世**(ちせい)

A 990 感情

理性(りせい)を働かせる
感情(かんじょう)の機微にふれる

A 991 元金

利息(りそく)を計算する
元金(がんきん)据え置き

A 992 実践

理論(りろん)どおりにはいかない
正しい方法を**実践**(じっせん)する

A 993 定住

流浪(るろう)の民
自治体の支援を受けて**定住**(ていじゅう)する

A 994 興奮

冷静(れいせい)に状況判断する
興奮(こうふん)して眠れない

A 995 薄暮

近代日本の**黎明**(れいめい)を告げる
薄暮(はくぼ)の迫る街

A 996 悲報

朗報(ろうほう)に接する
悲報(ひほう)に茫然となる

A 997 実況

テレビ番組を**録画**(ろくが)する
被災地の**実況**(じっきょう)を報道する

A 998 隠蔽

陰謀が**露見**(ろけん)する
事実を**隠蔽**(いんぺい)する

A 999 決裂

裁判所の**和解**(わかい)勧告
和平交渉が**決裂**(けつれつ)する

A 1000 離反

家族が**和合**(わごう)する
人心の**離反**(りはん)した政治

付録

小学校で習う漢字なのに……難読漢字

［漢字偏差値をアップする］

先人をリスペクトする気持ちでチャレンジしよう！

テレビのクイズ番組でも頻繁に出題されるのが難読漢字です。

ここでは読めそうで読めない、もどかしくなってしまう動詞や形容詞を多く出題しました。もどかしいのは、すべて小学校で習う漢字であり、ふだん使い慣れている漢字でも普通とは違う読み方だからです。

日本の漢字の発展には、漢文を日本語の書き下し文にするという日本人の漢文読解の努力がありました。漢字を訓読みするというかたちで、漢字と日本語の組み合わせが増えていったのです。

また、ふだん使っている言葉を漢字に当てはめることで、定着したものもあります。日本人はかなり柔軟に当て字として漢字を使ってきたのです。明治時代の文豪の文章を読むと、漢字を自在に使っていることがよくわかります。

先人の自由な漢字の使い方を存分に楽しみながら、漢字偏差値をアップしてください。

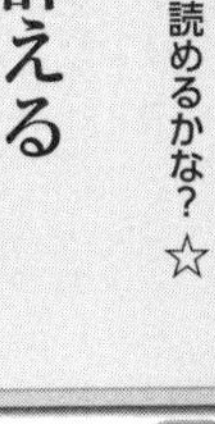

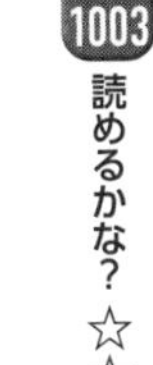

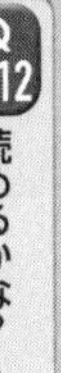
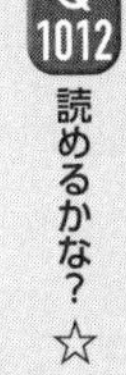
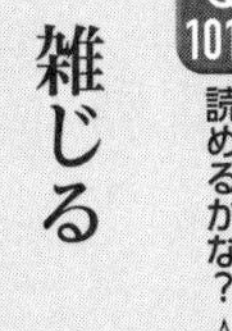

Q 1001 読めるかな？☆
率ね

Q 1002 読めるかな？☆
計える

Q 1003 読めるかな？☆☆
易える

Q 1004 読めるかな？☆☆
輸る

Q 1005 読めるかな？☆
単つ

Q 1006 読めるかな？☆☆
会まる

Q 1007 読めるかな？☆☆☆
権い

Q 1008 読めるかな？☆☆☆
戦ぐ

Q 1009 読めるかな？☆
両つ

Q 1010 読めるかな？☆
円やか

Q 1011 読めるかな？☆☆
予て

Q 1012 読めるかな？☆
雑じる

Q 1013 読めるかな？☆☆
校える

Q 1014 読めるかな？☆☆
能き

Q 1015 読めるかな？☆☆
絶だ

Q 1016 読めるかな？☆☆☆
手弱女

A 1001 正解

率ね（おおむね）

大抵。だいたい

A 1002 正解

計える（かぞえる）

数・量の多少や出入りを調べる

A 1003 正解

易える（かえる）

かえる。かわる。とりかえる

A 1004 正解

輸る（おくる）

物をほかの場所に移す。運搬する

A 1005 正解

単つ（ひとつ）

単体や単独。同じであること

A 1006 正解

会まる（あつまる）

一カ所に寄りあう

A 1007 正解

権い（いきおい）

支配する力。勢力

A 1008 正解

戦ぐ（そよぐ）

草や葉がそよそよと音をたてる

A 1009 正解

両つ（ふたつ）

二個で対をなすもの。また、対をなしているもの

A 1010 正解

円やか（まろやか）

「まどやか」とも。まるい。穏やかな様子

A 1011 正解

予て（かねて）

あらかじめ。以前から

A 1012 正解

雑じる（まじる）

ある物の中に、他の種類の物が少量入る

A 1013 正解

校える（かんがえる）

筋道を立てて頭を働かせる。考える。

A 1014 正解

能き（はたらき）

物事を成し遂げることのできる力。効能

A 1015 正解

絶だ（はなはだ）

程度が普通の状態をこえているさま。非常に

A 1016 正解

手弱女（たおやめ）

しとやかな女性

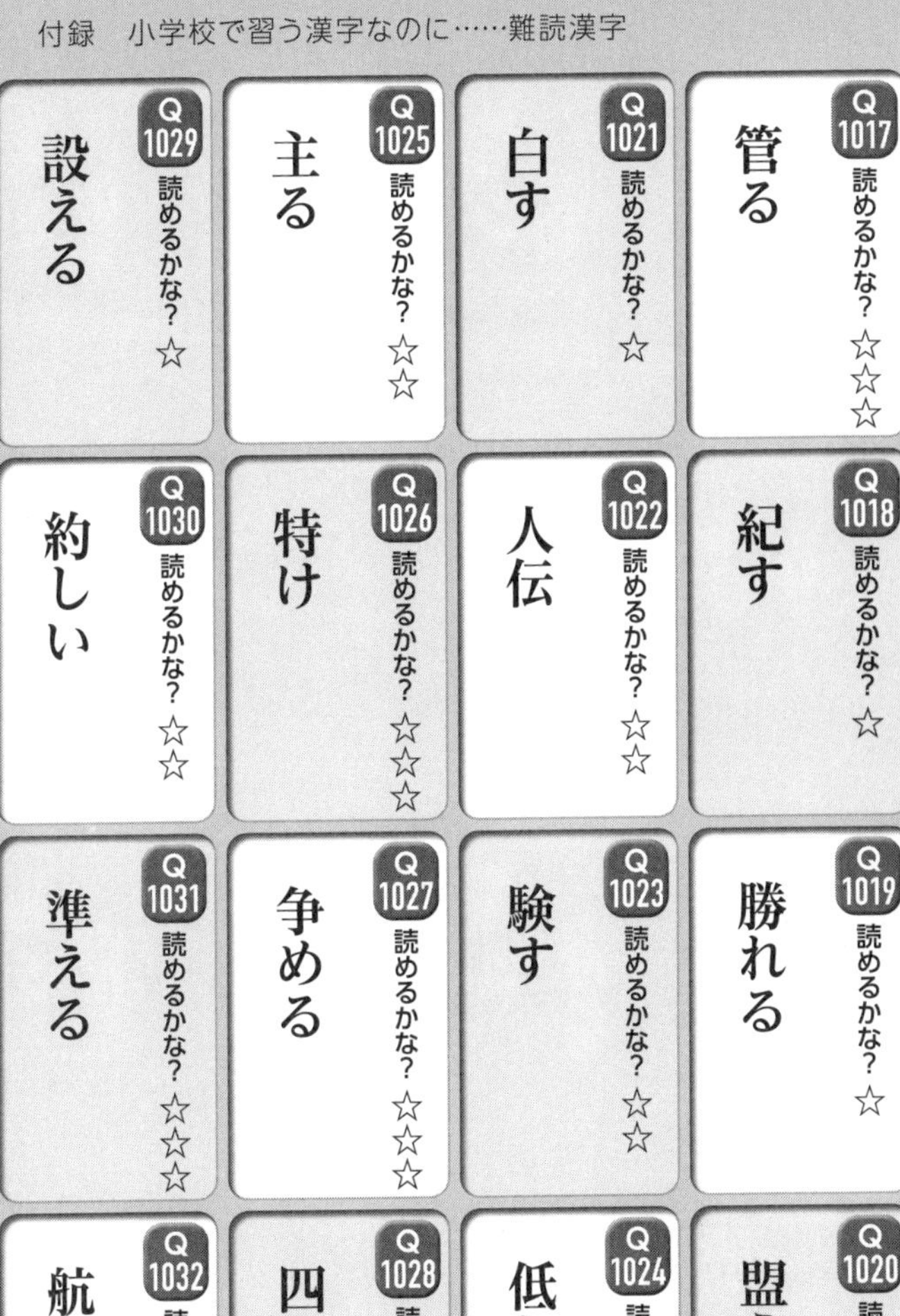
Q 1017
管る
読めるかな？☆☆☆
Q 1018
紀す
読めるかな？☆
Q 1019
勝れる
読めるかな？☆
Q 1020
盟う
読めるかな？☆☆☆
Q 1021
白す
読めるかな？☆
Q 1022
人伝
読めるかな？☆☆
Q 1023
験す
読めるかな？☆☆
Q 1024
低れる
読めるかな？☆☆
Q 1025
主る
読めるかな？☆☆
Q 1026
特け
読めるかな？☆☆☆
Q 1027
争める
読めるかな？☆☆☆
Q 1028
四方山
読めるかな？☆
Q 1029
設える
読めるかな？☆
Q 1030
約しい
読めるかな？☆☆
Q 1031
準える
読めるかな？☆☆☆
Q 1032
航る
読めるかな？☆

A 1017
正解 管る（つかさど）
担当する。働きをする。管理する

A 1018
正解 紀す（しる）
順序だてて書く。記録する

A 1019
正解 勝れる（すぐ）
能力・容姿・価値などが他よりまさること

A 1020
正解 盟う（ちか）
かたい約束をかわす

A 1021
正解 白す（もう）
はっきりと告げる。隠さずに語る

A 1022
正解 人伝（ひとづて）
人を介して聞くこと

A 1023
正解 験す（ため）
こころみる。しらべる。効果の有無をみる

A 1024
正解 低れる（た）
下にたらす、下げる

A 1025
正解 主る（つかさど）
中心となってはたらくこと

A 1026
正解 特け（とりわ）
格別に。何にもまして。その中でも特に

A 1027
正解 争める（いさ）
目上の人に忠告する

A 1028
正解 四方山（よもやま）
いろいろな方面のこと。さまざま。世間

A 1029
正解 設える（しつら）
こしらえる。飾りつける

A 1030
正解 約しい（つま）
倹約をしている。質素である

A 1031
正解 準える（なぞら）
たとえる。他のものに似せる

A 1032
正解 航る（わた）
海などを越え、到達する

Q1033
団い
読めるかな？☆☆

Q1034
意う
読めるかな？☆☆

Q1035
間う
読めるかな？☆☆

Q1036
素見す
読めるかな？☆☆☆

Q1037
億る
読めるかな？☆☆☆

Q1038
容れる
読めるかな？☆

Q1039
周く
読めるかな？☆

Q1040
資ける
読めるかな？☆☆

Q1041
芸える
読めるかな？☆☆☆

Q1042
産土
読めるかな？☆☆

Q1043
命せ
読めるかな？☆☆

Q1044
容す
読めるかな？☆☆

Q1045
道形
読めるかな？☆☆☆

Q1046
階
読めるかな？☆☆

Q1047
努努
読めるかな？☆☆☆

Q1048
卒わる
読めるかな？☆

A 1033 正解
団い（まるい）
円形をしている。まるく囲んでいる

A 1034 正解
意う（おもう）
心の中でおもいはかる

A 1035 正解
間う（うかがう）
隙間からのぞいて様子を見る

A 1036 正解
素見す（ひやかす）
買う気もなく値をきいたりする

A 1037 正解
億る（おしはかる）
推測する。あれこれと思いめぐらす

A 1038 正解
容れる（いれる）
区画や容器の外側にあるものを内側に移す

A 1039 正解
周く（あまねく）
すみずみまで行き渡っているさま

A 1040 正解
資ける（たすける）
元手を出してたすける、援助する

A 1041 正解
芸える（うえる）
草木をうえる

A 1042 正解
産土（うぶすな）
人の生まれた土地

A 1043 正解
命せ（おおせ）
目上の人の言いつけや命令

A 1044 正解
容す（ゆるす）
希望などを聞き入れ、願いどおりにさせる

A 1045 正解
道形（みちなり）
道筋に従うこと

A 1046 正解
階（きざはし）
階段。だんだん

A 1047 正解
努努（ゆめゆめ）
けっして。きっと。少しも

A 1048 正解
卒わる（おわる）
しめくくる。つきる

Q 1049
次る
読めるかな？☆☆☆

Q 1050
訓える
読めるかな？☆

Q 1051
非い
読めるかな？☆☆

Q 1052
賞でる
読めるかな？☆☆

Q 1053
谷まる
読めるかな？☆☆

Q 1054
論う
読めるかな？☆☆☆

Q 1055
態態
読めるかな？☆☆

Q 1056
感ける
読めるかな？☆☆☆

Q 1057
側ら
読めるかな？☆

Q 1058
精しい
読めるかな？☆

Q 1059
覚る
読めるかな？☆

Q 1060
困しむ
読めるかな？☆☆

Q 1061
頻りに
読めるかな？☆☆

Q 1062
科白
読めるかな？☆☆

Q 1063
害なう
読めるかな？☆☆

Q 1064
寸寸
読めるかな？☆☆

A 1049 正解
次（やど）る
旅先で泊まる。ある場所にとどまる

A 1050 正解
訓（おし）える
さとす。おしえ導く

A 1051 正解
非（わる）い
道理に反すること。間違っていること

A 1052 正解
賞（め）でる
物の素晴らしさをほめ味わう。いとおしむ

A 1053 正解
谷（きわ）まる
動きがとれなくて困りはてる。窮する

A 1054 正解
論（あげつら）う
物事の可否を論じる。非を言い立てる

A 1055 正解
態態（わざわざ）
労力を惜しまずそのためだけにする。故意に

A 1056 正解
感（かま）ける
一つに気を取られて他がおろそかになる

A 1057 正解
側（かたわ）ら
そば。すぐ近く。端に寄ったところ

A 1058 正解
精（くわ）しい
細かいところまでつまびらか。精通している

A 1059 正解
覚（さと）る
感づく。道理を知る。悟りを開く

A 1060 正解
困（くる）しむ
行き詰まって悩む。苦労する

A 1061 正解
頻（しき）りに
何度も。たびたび。熱心に

A 1062 正解
科白（せりふ）
俳優が劇中で言う言葉。言いぐさ

A 1063 正解
害（そこ）なう
傷つけてだめにする。健康や気分を悪くする

A 1064 正解
寸寸（ずたずた）
「すんずん」とも。きれぎれになるさま

Q 1065 急度　読めるかな？☆☆☆

Q 1066 角べる　読めるかな？☆☆☆

Q 1067 然も　読めるかな？☆

Q 1068 理める　読めるかな？☆

Q 1069 綿なる　読めるかな？☆☆

Q 1070 出会す　読めるかな？☆☆

Q 1071 若気る　読めるかな？☆☆☆

Q 1072 疾うに　読めるかな？☆☆

Q 1073 刊る　読めるかな？☆☆☆

Q 1074 希う　読めるかな？☆☆☆

Q 1075 断める　読めるかな？☆☆☆

Q 1076 演べる　読めるかな？☆☆

Q 1077 議る　読めるかな？☆☆

Q 1078 陸でなし　読めるかな？☆☆

Q 1079 北く　読めるかな？☆☆☆

Q 1080 私か　読めるかな？☆☆☆

A 1065 正解
急度（きっと）
確かにそうなると思う気持ちを表す。必ず

A 1066 正解
角べる（くらべる）
ものの優劣などを調べる。比較する

A 1067 正解
然も（しかも）
「さも」とも。その上に。さらに

A 1068 正解
理める（おさめる）
筋道を正して、善悪を整える。筋をとおす

A 1069 正解
綿なる（つらなる）
長く続く。絶えない。はびこる

A 1070 正解
出会す（でくわす）
偶然ばったりと会う

A 1071 正解
若気る（にやける）
男が女々しく色めいたようすをする

A 1072 正解
疾うに（とうに）
とっくに。ずっと前に

A 1073 正解
刋る（けずる）
けずる。きる。修正する

A 1074 正解
希う（こいねがう）
強くねがい望む。切望する

A 1075 正解
断める（さだめる）
決定する。はっきりさせる

A 1076 正解
演べる（のべる）
自分の考えなどをおしひろめる

A 1077 正解
議る（はかる）
筋道をたてて話し合う。論じる

A 1078 正解
陸でなし（ろくでなし）
役に立たないもの。「碌（ろく）でなし」は当て字

A 1079 正解
北く（そむく）
そむく。にげる

A 1080 正解
私か（ひそか）
人に知られないようにこっそりとするさま

編集協力　小松事務所
本文ＤＴＰ　宇那木孝俊
装幀　須川貴弘（ＷＡＣ装幀室）

齋藤 孝（さいとう・たかし）

1960年静岡県生まれ。東京大学法学部卒業。同大学大学院教育学研究科博士課程を経て、現在は明治大学文学部教授。専攻は教育学、身体論、コミュニケーション技法。著書にシリーズ260万部超を記録し、毎日出版文化賞特別賞を受賞した『声に出して読みたい日本語』（草思社）、『大人の語彙力ノート』（SBクリエイティブ）他多数。NHK Eテレ『にほんごであそぼ』の総合指導もつとめる。

齋藤 孝「もう恥をかかないための日本語講座」

2021年4月20日　初版発行

著　者　齋藤 孝

発行者　鈴木 隆一

発行所　ワック株式会社
東京都千代田区五番町4-5　五番町コスモビル　〒102-0076
電話　03-5226-7622
http://web-wac.co.jp/

印刷人　北島 義俊

印刷製本　大日本印刷株式会社

ISBN978-4-89831-839-3